〈新装版〉
たった100単語の英会話

晴山陽一

JN110335

青春新書
INTELLIGENCE

■ はじめに

　これからアメリカに行くという人に、こう尋ねられたとしよう。

「──どんな単語を覚えれば日常会話に役立つでしょう?」

　ある大学教授は、教え子に「**getとtakeさえ自由に使えれば、日常生活に不自由はしないよ!**」と教えたそうだ。

　そして、この学生は帰国後、開口一番「先生の言われたことは本当でした。getとtakeだけでほとんどOKでした!」と叫んだという。

　この話は、**単語を多く覚えるよりも、基本単語の使い方に習熟したほうが、日常会話はうまくいく**、ということを象徴的に示している。

　本書では、英会話で最も役に立つ単語を100単語にしぼった。そして、この100単語を使いこなしていただくためのトレーニングを豊富にご用意した。

　英会話のコツは、**簡単な単語を十二分に使いこなすこと**、これに尽きる。本書を読めば、最も効率よく英会話のノウハウを身につけることができるだろう。

　この本は、2002年に刊行し、10万部を越えたベストセラーのリニューアル復刊である。

　今回の新機軸は、100単語の例文を「**見るだけで発音できる!**」メリハリ表示に変えた点だ。これにより、音声が付かない新書でも、読むだけでネイティブに通じる発音が可能になったと思う。

〈新装版〉
たった100単語の英会話

contents

V 重要前置詞・副詞20 ——————125

VI そのほかの重要単語50 ——————167

本書は2002年3月に新書判、2007年2月に四六判、2011年2月に文庫判で
小社より刊行されたものに加筆・修正したものです。

本文デザイン／青木佐和子

I

英語でいちばん大事な100単語

■ 使用頻度か重要度か

英語でいちばん大事な100単語とは、何だろう？

本書は、そんな素朴な疑問から出発する。

「いちばん大事な100単語」と言っても、考え方は2通りある。

1番目は、「**最もよく使われる単語**」という考え方。すなわち、「使用頻度の高い単語」である。こちらは、たくさんの英文を調べれば、答えを出せそうだ。

2番目は、「英文を作る上でいちばん要になる単語」という考え方。すなわち、「**重要度の高い単語**」である。こちらは、単にたくさんの英文を集めて調べるだけでは、簡単に答えが出せそうもない。

使用頻度が高いからといって、重要度も高いとは限らない。逆に、重要度が高いからといって、しょっちゅう出てくる単語とも限らない。

従って、「使用頻度の高い100単語」と「重要度の高い100単語」はぴったり一致するわけではない。どうやら別々のアプローチが必要なようである。

そこで、まず「**使用頻度の高い100単語**」について調べることにしよう。

これについては、最近、興味深いデータを目にした。それによると、驚くなかれ、**口語英語の10単語に1回は、theかandが使われる**というのである。L・P・アイレスという人の調査結果である（このtheとandの2単語を**Aグループ**と呼ぶことにする）。

さらに、驚くことに、4単語に1回は、the, and に加えて、of, to, I, a, in, that, you, forの計10単語のいずれかが出現するという（これらを**Bグループ**と呼ぶことにする）。

　さらには、3単語に1回は、Bグループまでのthe, and, of, to, I, a, in, that, you, forに加えて、it, was, is, will, as, have, notの計17単語のいずれかが出現するというのである（これらを**Cグループ**と呼ぶことにする）。

　データだけではピンと来ない、という方もいるだろう。ここで、典型的な英会話を例に、アイレスの調査結果を実感していただくことにしよう。

　次にお見せするのは、テレビを前にした、ごく普通の夫婦の会話である（下線はBグループの10単語）。

A : Do <u>you</u> happen <u>to</u> know what's on after <u>the</u> news?

B : <u>I</u>'ve got <u>a</u> feeling it's <u>a</u> documentary.

A : Would <u>you</u> mind if <u>I</u> watched it?

B : Well, <u>I</u> rather wanted <u>to</u> see <u>the</u> variety show.

A : ニュースの後は何だっけ？

B : ドキュメンタリー番組だったと思うけど。

A : それ見てもいい？

B : うーん、僕はバラエティ番組を見たいんだけどな。

さて、この会話に出てくる単語の総数は、短縮形もばらして１語として数えると、総数36単語である。

　Ｂグループの10単語（下線の単語）について見ると、出現回数は全部で11回。36分の11だから、「4単語に１回以上」というのは本当である。

　さらに、Ｃグループの17単語について調べると、出現回数は16回。36分の16だから、これも、「3単語に１回」という比率を楽にクリアしている。

　こうして、実際の会話例で確かめると、アイレスのデータが、ある程度実情にあったものであることが実感できるだろう（グループAのtheとandは、theが２回のみと出現回数が足りない。これは、短い会話例なので、andを使う余地がなかったからかもしれない）。

　以下に、改めてアイレスの調査結果を、私なりに整理してお見せすることにする。

英単語の使用頻度ランク（口語英語）

① 使用頻度 ― A（10単語に1回出現）
the, and　→　（計2単語）
② 使用頻度 ― B（4単語に1回出現）
①の2単語+次の8単語　→　（計10単語） of, to, I, a, in, that, you, for
③ 使用頻度 ― C（3単語に1回出現）
②までの10単語+次の7単語　→　（計17単語） it, was, is, will, as, have, not

③までの17単語＋次の35単語　→　（計52単語）
all, an, are, at, be, been, but, by, dear, from,
had, has, he, her, his, if, me, my, on, one, or,
she, so, there, they, this, time, very, we, were,
when, which, with, would, your

④の使用頻度Dのグループまで含めると、口語英語の2単語に1単語は、この52単語のいずれかだという。

改めてこれら52語を眺めると、なるほど使用頻度の高そうな単語がひしめいている。納得である。

さて、この52単語にあと48単語をプラスすれば、ちょうど100単語になるわけだが、アイレスはその100単語も明らかにしている。そして、この**たった100単語だけで、日常表現の60％をカバーしている**というから驚きである。

では48単語も加えて総勢100単語のリストを、まとめてお見せすることにしよう。

■ 日常表現の60％をカバーする100単語

a, about, after, all, an, and, any, are, as, at,
be, been, but, by, can, could, day, dear, do,
for, from, go, good, had, has, have, he, her,
here, him, his, house, I, if, in, is, it, its, just,
last, letter, make, may, me, more, my, night,

no, not, now, of, on, one, or, other, our, out,
over, please, say, send, she, should, sir, so,
some, take, than, thank, that, the, their,
them, then, there, they, thing, think, this,
time, to, truly, two, up, very, was, we, week,
were, what, when, which, who, will, with,
work, would, write, you, your

　これで、先ほどの1番目の課題である「使用頻度
の高い100単語」の答えは、一応得られたことに
なる。

　改めてこの表をよく見ると、he, his, she, herのよ
うに、確かに使用頻度は高いが、重要度が高いとは
思えない単語も含まれている。

　そこで、問題は2番目の課題、**重要度の高い
100単語**である。

　実は、本書で扱う100単語が、「重要度の高い100
単語とは何か？」という問いに対する、私なりの答
えなのである。

　ここでは、私が選んだ100単語の内訳を、あらか
じめお伝えしておくことにしよう。

　全体は4つのグループに大別される。

　これらが、数ある英単語の中でも「最も働き者の
英単語」である。

■ 本書で扱う100単語

① 最重要動詞（10単語）

come, get, give, go, have, keep, let, make, put, take

② 重要動詞（20単語）

ask, break, bring, call, do, feel, find, hold, leave, like, look, run, say, see, set, tell, turn, want, wear, work

③ 重要前置詞・副詞（20単語）

about, above, after, against, at, by, down, for, from, in, into, of, on, over, to, through, under, up, with, without

④ そのほかの重要単語（50単語）

afraid, another, any, as, bad, best, better, can, change, close, could, each, else, enough, face, far, few, free, good, hand, help, how, if, it, less, line, little, may, mind, no, off, order, other, please, poor, rather, should, so, some, sorry, sure, taste, that, this, time, use, way, well, will, would

「頻度の高い100単語」の場合は、he, his, she, her のように、用法の単純な単語が少なくなかった。

これに対して、今ノミネートした「重要度の高い100単語」は、用例の豊富な単語ばかりである。本書では、その働きぶりを、①の「最重要動詞」から順に、章を追って確かめていきたいと思う。

この100単語をマスターすることが、間違いなく、最も効率のよい「英会話入門」となるはずである。

　ところで、本書の166ページに次のようなことわざが出てくる。

　Making the beginning is one-third of work.
「仕事は、とりかかりさえすれば3分の1終わったようなもの」

　さあ、それではさっそく仕事にとりかかることにしよう。
「使える英語」への最短ルートを手に入れることにしましょう。

II

基本単語には
力がある

■この本を読むとどうなるか

こんなことわざがある。

Think on the end before you begin.

「始める前に終わりについて考えよ」

何かを始める前に、何の目的で行うのか、どんな結果を望んでいるのかを、あらかじめよく考えよう、という意味のことわざだ。

この章では、「いちばん重要な100単語」を覚えると、その結果、どれほど英語の表現力が広がるかという前宣伝をしておきたい。

「覚える」と言っても、この100単語の中には難しい単語はひとつもない。よく知っているおなじみの単語ばかりだ。つまり、新たに単語を覚えるのではなく、すでに知っている単語の使い方に習熟しましょう、と言っているだけなのである。

この章では、「いちばん重要な100単語」を用いた会話サンプルを4例お見せする。これらを読めば、基本単語が、会話の中でいかに生き生きと使われているか、おわかりいただけると思う。

では、1番目の会話サンプルから目を通していこう。「重要100単語」は下線で示すことにする。

会話サンプル① 道を尋ねる

A : Excuse me, <u>please</u>. <u>Could</u> you <u>tell</u> me <u>how</u> <u>to</u> <u>get</u> <u>to</u> the station?

B : <u>Take</u> the second <u>on</u> the left and <u>ask</u> again.

A : すみません。駅に行く道を教えてくれませんか。

B：２本目の角を曲がって、もう１度尋ねてください。

　この短い会話に、「いちばん重要な100単語」のうち、please, could, tell, how, to, get, take, on, askの９単語が使われている。takeは「道をとる」という動詞として使われている。get to 〜は「〜に着く」という動詞句だ。

会話サンプル② タクシーで

A：<u>Can</u> you <u>get</u> me <u>to</u> Ueno <u>by</u> half past two?
B：We <u>should</u> <u>make</u> <u>it</u> <u>if</u> the lights are <u>with</u> us.
A：２時半までに上野駅に着けますか。
B：信号が味方してくれれば間に合うでしょう。

　この会話例では、「いちばん重要な100単語」の中から、can, get, to, by, should, make, it, if, withの９単語が使われている。前置詞のbyは「〜までに」という意味である。make itは「間に合う」という熟語だ。

会話サンプル③ レストランで

A：<u>May</u> I <u>take</u> your <u>order</u>, sir？
B：<u>I'll</u> <u>take</u> a piece <u>of</u> cheese cake, <u>please</u>.
A：ご注文をうかがってよろしいですか。
B：チーズケーキをお願いします。

　この短い会話例では、may, take, order, will, of,

pleaseの6単語が使われている。takeという動詞が「注文を取る」「チーズケーキを選ぶ」の2通りで使われている。日常会話が、少数の基本動詞を中心に展開していることがわかる。

「はじめに」の中で、「getとtakeさえ自由に使えれば、日常会話に不自由はしない！」という大学教授の言葉を引用したが、なるほど、ここまでの3組の会話例を見ると、すべて**getとtakeを中心に展開している**のがわかる。

次の会話例は、少し長くなる。電話での応対である。

会話サンプル④　電話で

A : <u>May</u> I <u>have</u> a word <u>with</u> Jane?

B : <u>Hold</u> the <u>line</u>, <u>please</u>... I'm <u>afraid</u> she's not here.

A : <u>Would</u> you <u>ask</u> her <u>to</u> <u>call</u> back?

B : I'd be glad <u>to</u>.

A : ジェーンと話がしたいのですが。

B : そのまま切らずにお待ちください。…あいにく彼女は出かけているようです。

A : 折り返し電話をくれるよう頼んでいただけますか。

B : 喜んで。

この会話例では、may, have, with, hold, line, please, afraid, would, ask, to, callと、実に11単語が使われている。

「話がしたい」という時にhaveを用い、「切らずに

お待ちください」という時にholdを使うなど、基本動詞がいろいろな意味で使われているのがわかるだろう。それぞれの動作に固有の動詞を使い分けている日本語と見比べていただきたい。

　ここまで、４つの会話例を通して、「**いちばん重要な100単語**」の働きぶりを見てきた。

　これらの会話例により、「重要100単語」のうちの何単語かは、すでになじみの言葉になったと思う。ご覧の通り、それらは中学の最初に習う基本語ばかりである（今では小学校で習っている！）。

　ここで、私たちは不思議な事実に突き当たる。英会話の要になる単語は、日本人の誰もが知っている簡単な単語ばかりなのである。それなのに、英会話ができない。

　われわれは単語を知らないから会話ができないのではないのだ。**単語は知っているのに、その使い方が身についていないから会話ができなかったのだ。**

　たったの100単語。されど、この100単語である。この100単語の使い方に習熟すれば、英会話はずっとラクになる。どうかこの本を、その突破口にしていただきたいと思う。

■ 見ただけで発音できるメリハリ表記

　本書では、強く発音するところを太字で示し、弱く発音するところを普通の書体で印刷してある。したがって、見た通りに発音すれば、ネイティブに伝

わりやすい発音になるようになっている。例をあげよう。

「私は彼の言うことがわからなかった」なら、

I didn't get what he said.

太字のところを、「**強く、長く**」発音し、それ以外のところを弱く、短く、あいまいに発音することにより、たったそれだけで日本人特有の「棒読み・のっぺり発音」を完全に脱することができる。「あなたの発音、とても聞き取りやすいですね！」とネイティブが喜ぶ発音となる。

仮にカタカナで表すと、こんな感じだ。

「アイ　**ディドゥン　ゲッ　ワッ**　ヒ　**セー**＼」

これがネイティブが聞き取りやすい「**メリハリ発音**」だが、文字を見るだけでできてしまう。

こんな表記の本はめったにないが、本書の例文はすべてこの表記法で印刷してある。この新装版で、このような画期的な表記法を導入できたのは、著者にとって何よりうれしいことである。

なお、この太字は実際のネイティブの発音に基づいて表示している。そのため、同じ単語でも微妙に変えている場合がある。文末で音が下降する場合などもなるべく反映するようにした。

どうかこの太字表記に従いながら、安心して音読を繰り返していただきたい。

英語の発音でいちばん大事なのは、このメリハリのリズムなのである。メリハリを無視した音読では、「**伝わる英語**」は身につかない。

III

最重要動詞10

get

- ●得る
- ●理解する
- ●〜になる
- ●手に入れる
- ●被る

「得る」ではなく
「今までと違う状態になる」と理解する

　getは10個の最重要動詞の中でも最も多義語である。「得る、手に入れる、理解する、被る、〜になる」など一見捉えどころがないように見える。しかし、getのもともとの意味は「ある状態に達する、今までと違う状態になる」ということなのだと理解すると、getのイメージが捉えやすくなる。

　(1) Did you get his mail？「彼のメールを受け取りましたか」。これは、メールを受け取った状態になったか、と尋ねている。

　(2) I got sand in my shoes.「靴に砂が入った」。こちらは、無意識のうちに靴に砂が入った状態になった、という場合である。

　(3) Could you get me the manual？「マニュアルを取ってくれますか」。これは、「私がマニュアルを手にした状態にしてくれ」と頼んでいるのである。
「理解する」は「知識を獲得した状態になる」ということだし、「被る」は「被害を受けた状態になる」ということだ。

　(4) He often gets angry.「彼はよく腹を立てる」は、文字通り「腹を立てた状態になる」ということである。

①私は彼の言うことがわからなかった。
②トムから風邪をうつされた。
③誰もその車を発車させられない。
④彼らはまもなく結婚します。
⑤彼はもうすぐよくなるだろう。

①私は彼の言うことがわからなかった。

I didn't **get** what he said.

［get＝理解した状態になる］

②トムから風邪をうつされた。

I **got** a cold from Tom.

［get＝病気にかかった状態になる］

③誰もその車を発車させられない。

No one can **get** the car to start.

［車が発車する状態にできない］

④彼らはまもなく結婚します。

They will soon **get** married.

［get married＝結婚した状態になる］

⑤彼はもうすぐよくなるだろう。

He will **get** well soon.

［get＝～の状態になる］

①われわれはタクシーに乗り込んだ。
②私は新宿で列車を乗り違えた。
③病院へ行くなら、次の停留所で降りるといいですよ。
④最寄りの駅への行き方を教えてくれませんか。
⑤彼はメアリーと連絡を取りたがった。

①われわれはタクシーに乗り込んだ。

We got into the taxi.

[get into 〜 =〈車などに〉乗る、乗り込む]

②私は新宿で列車を乗り違えた。

I got on the wrong train at Shinjuku.

[get on 〜 =〈乗り物に〉乗る]

③病院へ行くなら、次の停留所で降りるといいですよ。

You should get off at the next stop to go to the hospital.

[get off 〜 =〈乗り物から〉降りる]

④最寄りの駅への行き方を教えてくれませんか。

Would you tell me how to get to the nearest station?

[get to 〜 =〜に着く]

⑤彼はメアリーと連絡を取りたがった。

He wanted to get in touch with Mary.

[get in touch with 〜 =〜と連絡を取る]

こんなときに使えます！

①金曜日に集まって、それについて話し合おう。
②仕事の進み具合はどうですか。
③風邪を治すのに1週間かかった。
④彼女はまだそのショックから立ち直れないでいる。
⑤しゃっくりが止まらない。

①金曜日に集まって、それについて話し合おう。

Let's **ge**t to**ge**ther on **Fri**day and dis**cu**ss it.

[get together ＝集まる]

②仕事の進み具合はどうですか。

How are you **ge**tting a**lo**ng with your **wor**k?

[get along with ～＝何とかやっていく]

③風邪を治すのに1週間かかった。

It **too**k me a **wee**k to **ge**t over my **co**ld.

[get over ～＝〈病気から〉回復する]

④彼女はまだそのショックから立ち直れないでいる。

She **still** ca**nn**ot **ge**t over the **sho**ck.

[get over ～＝～を乗り越える]

⑤しゃっくりが止まらない。

I can't **ge**t **ri**d of the **hi**ccups.

[get rid of ～＝～を取り除く]

take

- ●持っていく
- ●手に取る
- ●乗っていく
- ●連れていく
- ●捕まえる

「手を伸ばして取る」
「自分の世界の中に取り込む」というイメージで

「テイク、テイク、持っていく」と教えている中学の先生がいたが、takeはもちろん「持っていく」という意味だけではない。「手に取る、捕まえる、乗っていく、連れていく」などの意味がある。

takeのイメージは「手を伸ばして取る、自分の世界の中に取り込む」ということだ。自分の中に取り込んだまま移動すれば、持っていったり、連れていったり、ということになる。

(1) He **took** me by the **ar**m.「彼は私の腕をつかんだ」

(2) I'd **be**tter **take** an umb**re**lla with me.「傘を持っていったほうがよさそうだ」

(3) Could you **take** me to the **ho**spital in your **car**?「病院まであなたの車で連れていってくれませんか」

(3) は、自分を相手の車の中に取り込んだまま、病院に行ってくれ、と頼んでいるのである。

getの場合は、たまたま「靴に砂が入った」などという無意志のケースもあったが、takeはあくまで意志的、積極的である。

(4) **Which roa**d do you **take** to the **air**port ?「空港までどの道を通っていきますか」

これは、あなたならどの道を選ぶか、すなわち、どの道を自分の世界に取り込むか、と尋ねているのである。

①この薬を1日2回飲みなさい。
②あの学校は新入生を何人採るだろうか。
③その事故で彼の命が奪われた。
④運転を覚えるのに4か月かかりました。
⑤外国語をマスターするには長い時間がかかる。

①この薬を1日2回飲みなさい。

Take this medicine twice a day.

[take＝薬を自分の中に取り込む]

②あの学校は新入生を何人採るだろうか。

How many new students will the school take?

[take＝受け入れる、採る]

③その事故で彼の命が奪われた。

The accident took his life.

[take＝奪う]

④運転を覚えるのに4か月かかりました。

I took four months to learn to drive.

[take＝〈時間が〉かかる]

⑤外国語をマスターするには長い時間がかかる。

It takes a long time to master a foreign language.

[It takes... to不定詞＝〜するのに時間が…だけかかる]

①姉は私の冗談を本気にした。
②私は時々ジェーンを双子の妹と間違える。
③この席はふさがっていますか。
④注文は何になさいますか。
⑤1歩前に進みなさい。

①姉は私の冗談を本気にした。

My **si**ster <u>**too**k</u> my **jo**ke **se**riously.

〔take = 〜と受け取る〕

②私は時々ジェーンを双子の妹と間違える。

I **so**metimes <u>**ta**ke</u> **Ja**ne <u>for</u> her **twi**n sister.

〔take A for B = A を B と間違う〕

③この席はふさがっていますか。

Is this **sea**t <u>**ta**ken</u>?

〔take = 場所を占める〕

④注文は何になさいますか。

May I <u>**take**</u> your **or**der?

〔take =〈注文・指示などを〉受ける〕

⑤1歩前に進みなさい。

<u>Take</u> <u>a</u> <u>**ste**p</u> **for**ward.

〔take a step = 1 歩進む〕

こんなときに使えます！

①私の飛行機は6時に離陸します。
②私はこれ以上の仕事を引き受けられない。
③マスクを取るまで、彼だとはわからなかった。
④ケイトはお母さん似だ。
⑤昨日あなたについて言ったことは撤回します。

①私の飛行機は6時に離陸します。

　My plane takes off at six o'clock.

[take off ＝離陸する]

②私はこれ以上の仕事を引き受けられない。

　I can't take on any more work.

[take on ～＝～を引き受ける]

③マスクを取るまで、彼だとはわからなかった。

　I didn't recognize him until he took off his
　mask.

[take off ～＝～を脱ぐ、はずす]

④ケイトはお母さん似だ。

　Kate takes after her mother.

[take after ～＝～に似ている]

⑤昨日あなたについて言ったことは撤回します。

　I take back what I said about you yesterday.

[take back ＝取り消す]

have

- ●持っている
- ●食べる
- ●〜がある
- ●〜な時を過ごす
- ●手に入れる

「所有している」という状態と 「手に入れる」という動作を表現

haveには大きく2つの意味がある。A「持っている」、B「手に入れる」の2つである。

Aは「所有している」という状態を表すので、進行形（I'm having 〜など）の形はとれない。

Bの「手に入れる」は状態ではなく動作を表す。haveに「食べる、飲む」の意味があるのはその応用で、こちらは進行形をとることができる。

(1) He's **ha**ving **lu**nch now.「彼は今、昼食をとっているところだ」

AはBの結果と考えればよい。すなわち、「手に入れた結果、持っている」のだと。

(2) I **ha**ve a reser**va**tion for a **twi**n.「ツインの部屋を予約してあります」。これは、予約した結果として、ツインの部屋を使う権利を持っているのである。

現在完了にhaveが用いられるのも、「過去の行為の結果を今持っている」という表現法だと考えればいい。

haveには、このほか、「使役（しえき）」の使い方がある。

(3) I **ha**d my **hair cut ye**sterday.「昨日髪を切ってもらった」。これも、「ある状態を手に入れた」と考えれば、haveが使われている理由がわかるだろう。

┌─ こんなときに使えます！ ─┐
①今日は特別な予定は何もありません。
②1年は12か月です。
③今年の冬は雪が多かった。
④昨夜は楽しかったですか。
⑤昨年は不景気だった。

①今日は特別な予定は何もありません。

I have nothing in particular to do today.

[have ～ to do =やることがある、予定がある]

②1年は12か月です。

A year has twelve months.

[There are twelve months in a year. と同じ]

③今年の冬は雪が多かった。

We had a lot of snow this winter.

④昨夜は楽しかったですか。

Did you have a good time last night?

[have a ～ time =～な時を過ごす]

⑤昨年は不景気だった。

We had bad times last year.

[この文のtimesは「時勢、景気」]

①胃が痛い。
②熱がある。
③咳が出る。
④高血圧だ。
⑤二日酔いだ。

①胃が痛い。

I **ha**ve a **sto**machache.

[have a headacheなら「頭が痛い」]

②熱がある。

I **ha**ve a **fe**ver.

[have chillsなら「寒気がする」]

③咳が出る。

I **ha**ve a **cou**gh.

[have a sore throatなら「のどが痛む」]

④高血圧だ。

I **ha**ve **hi**gh **bloo**d **pre**ssure.

[have low blood pressureなら「低血圧だ」]

⑤二日酔いだ。

I **ha**ve a **ha**ngover.

[hangoverは「次の日に持ち越されたもの」から
「二日酔い」の意味になった]

①私にいい考えがある。
②時間の余裕がない。
③彼女には時間の観念がない。
④父は顔が広い。
⑤兄は個性が強い。

①私にいい考えがある。

　I have a good idea.

[「君によい知らせがある」なら、I have good news for you.]

②時間の余裕がない。

　We have no time to spare.

　　[「お金の余裕がない」なら、I have no money to spare.]

③彼女には時間の観念がない。

　She has no sense of time.

　　　　[have no sense of directionなら「方向音痴だ」]

④父は顔が広い。

　My father has a large circle of friends.

　　　　[have a broad view of thingsなら「視野が広い」]

⑤兄は個性が強い。

　My brother has a strong personality.

　　　　[have a strong[weak]willなら「意志が強い[弱い]」]

give

- ●与える
- ●伝える
- ●催す
- ●供給する
- ●示す

「Aの世界の一部をBの世界へ移行する」 と考える

「与える」という言葉は「よい物を分かち与える」というイメージがある。　しかし、giveの用例の中には、「風邪をうつす、迷惑をかける、注射をする」などもあり、必ずしも「よい物」とは限らない。

　こう考えたらいいだろう。「Aの世界の一部を（ただで）Bの世界へ移行する」と。それが役に立つかどうかはBの問題だ。

　(1) This dam gives us water and electricity.「このダムは水と電気を供給してくれる」

　(2) Give me the salt, please.「私に塩をとってください」

　(1)(2)とも、役に立つものを与えるケースだ。

　(3) My brother gave me his cold.「弟は私に風邪をうつした」。こちらは、迷惑を被るケースである。

　(4) Bob gave us a ride to the station.「ボブは私たちを駅まで車で送ってくれた」。これは、再び役に立つ場合である。「与える」と言うと物品を与えるように聞こえるが、(4) では「車で送る」というサービスを提供している。

　(5) Give me the police.これは、「警察をくれ」という意味では、もちろんない。「警察を呼んでくれ」という意味である。私の世界の中に警察をもたらしてくれ、と頼んでいるわけである。

①医者は私に注射した。
②彼にはたいへん迷惑をかけた。
③この車を値引きしてくれませんか。
④この地図は詳しい。
⑤実例をいくつか示してください。

①医者は私に注射した。

The **do**ctor **ga**ve me a **sho**t.

[get a shotと言えば「注射をしてもらう」]

②彼にはたいへん迷惑をかけた。

I **ga**ve him a **lo**t of **trou**ble.

[give 〜 a shockなら「〜にショックを与える」]

③この車を値引きしてくれませんか。

Can you **gi**ve me a dis**cou**nt on this **car**?

④この地図は詳しい。

This **ma**p **gi**ves us **de**tailed infor**ma**tion.

[give =〈情報などを〉伝える]

⑤実例をいくつか示してください。

Please **gi**ve me **so**me ex**a**mples.

[give an explanationなら「説明する」]

①Eメールのアドレスをあげます。
②決断するのに2日ほど時間をあげましょう。
③彼らはジムのために盛大なパーティーを開いてあげた。
④ご家族の皆さんによろしくお伝えください。
⑤このいすを運ぶのに手を貸してくれませんか。

①Eメールのアドレスをあげます。

I'll **give** you my e-mail ad**dre**ss.

[give = 知らせる、伝える]

②決断するのに2日ほど時間をあげましょう。

I'll **give** you **two days** to **make** a de**ci**sion.

[give = 〈時間・機会などを〉与える]

③彼らはジムのために盛大なパーティーを開いてあげた。

They **gave** a **big par**ty for **Ji**m.

[give = 〈会を〉催す、開く]

④ご家族の皆さんによろしくお伝えください。

Please **give** my **be**st（re**gar**ds）to your **fa**mily.

⑤このいすを運ぶのに手を貸してくれませんか。

Could you **give** me a **ha**nd to **ca**rry this **chair**?

[「手を貸す」は give 人 a hand]

①答案用紙を提出しなさい。
②私たちは薬のサンプルを配っています。
③その飛行機は奇妙な信号を出していた。
④私は医者から喫煙を禁じられています。
⑤君に降参なんかするものか。

①答案用紙を提出しなさい。

    Give in your examination papers.

                 ［give in ～＝～を提出する］

②私たちは薬のサンプルを配っています。

    We're giving out samples of the medicine.

                 ［give out ～＝～を配る］

③その飛行機は奇妙な信号を出していた。

    The plane was giving out strange signals.

                 ［give out ～＝～を発する］

④私は医者から喫煙を禁じられています。

    I was told I had to give up smoking by my doctor.

                 ［give up ～＝～をやめる、あきらめる］

⑤君に降参なんかするものか。

    I refuse to give in to you.

                 ［give in＝屈する］

keep

- ●〜し続ける
- ●そのままにする
- ●保つ
- ●経営する
- ●養う

自動詞では「ある状態が続く」
他動詞では「ある状態を変化させないで保つ」

keepは、もともと「Aの世界で、ある状態が続く」という自動詞である。それが、他動詞で用いられると、「Bの世界の、ある状態を変化させないで保つ」という意味になる。

(1) The phone kept ringing.「電話が鳴り続けた」。これは自動詞の場合。次の (2) も同様だ。

(2) Keep driving until you see the church, then turn right.「教会が見えるまで走り続けて、右に曲がってください」。次からが他動詞の例である。

(3) Please keep the change.「おつりは取っておいてください」。これは、そちらにあるおつりを、そのままの状態にしておいてくれ、ということ。

(4) I'm sorry to have kept you waiting.「お待たせしてすみません」。相手に対し、待つ状態を続けさせたことを詫びているのである。

このようにkeepは、変化や移動を否定する動詞である。

次の例はどうだろう。

(5) Every one must keep the law.「誰でも法律には従わねばならない」。これは、法律の権威を侵さない、法律の権威を維持する、ということだ。

①今日は天気はもつだろう。
②この魚は明日までもちますか。
③彼らは放課後残された。
④彼は町で本屋をやっています。
⑤彼には妻と子供2人の扶養家族がいる。

①今日は天気はもつだろう。

The **wea**ther will <u>kee</u>p <u>fi</u>ne to**day**.

[keep fine = stay fine（米）=〈好天が〉続く]

②この魚は明日までもちますか。

Will this **fish** <u>kee</u>p until to**mo**rrow?

[keep =〈食品が〉腐らずにもつ]

③彼らは放課後残された。

They were <u>ke</u>pt after **schoo**l.

[keep =引き止める、〈学校に〉残す]

④彼は町で本屋をやっています。

He <u>kee</u>ps a **boo**kstore in **to**wn.

[keep =経営する]

⑤彼には妻と子供2人の扶養家族がいる。

He **ha**s a **wi**fe and **two** **chi**ldren to <u>kee</u>p.

[keep =養う、扶養する]

①それを心に留めておきなさい。
②その男から目を離すな。
③彼はいつも約束を守らない。
④その箱に雨がかからないようにしておきなさい。
⑤連絡を取り合っていきましょう。

①それを心に留めておきなさい。

Keep it in **mi**nd.

〔keep 〜 in mind =「心に留めておく、覚えている」〕

②その男から目を離すな。

Keep your **eye** on the **ma**n.

〔keep one's eye on 〜 = 〜から目を離さない〕

③彼はいつも約束を守らない。

He **ne**ver **kee**ps his **pro**mises.

〔keep one's promise = 約束を守る〕

④その箱に雨がかからないようにしておきなさい。

Keep the **bo**x out of the **rai**n.

〔keep A out of B = AをBに近づけない、離しておく〕

⑤連絡を取り合っていきましょう。

Please **kee**p in **tou**ch.

〔keep in touch with 〜 = 〜と連絡を取り合う〕

①私は笑わずにはいられなかった。
②私たちは雪のため出発できなかった。
③彼は会議の間中たばこを吸い続けていた。
④授業について行くよう努力しよう。
⑤芝生に入るべからず。

①私は笑わずにはいられなかった。

I could not keep from laughing.

[can't keep from 〜ing ＝〜せずにいられない]

②私たちは雪のため出発できなかった。

The snow kept us from starting.

[keep 人 from 〜ing ＝人に〜させないようにする]

③彼は会議の間中たばこを吸い続けていた。

He kept on smoking during the meeting.

[keep on 〜ing ＝〜し続ける]

④授業について行くよう努力しよう。

I'll do my best to keep up with the class.

[keep up with 〜＝〜に遅れずについて行く]

⑤芝生に入るべからず。

Keep off the grass.

[keep off 〜＝〜に近づかない]

make

●作る　　　　　●〜になる
●〜の状態にする
●〜にする

「作り出す」のは
物ばかりとは限らない

　makeは現状維持のkeepとは違い、「何か新しい物事を作り出す」という積極的な動詞だ。作るのは物ばかりとは限らない。

　(1) **Don't make excuses.** 「言い訳をするな」。この文では、言い訳をこしらえるな、と言っている。

　(2) **A hundred cents make a dollar.** 「100セントで1ドルになる」。セントが100集まると、ドルの世界ができる。センチが100集まりメートルの世界を「作る」。

　(3) **I made room for the old man to sit down.** 「私はその老人に座る場所をあけた」。老人が座るためのスペースを作った、という文である。この文は、老人を座らせようという、私の善意を表している。

　このように、何かを作る以上、そこには意志が働いている。というわけで、makeのもう1つの用法である、「使役」の場合が理解される。AをBにしたり、Cに何かさせたりと、自分の意志で世界を変えていく力がmakeにはある。

　(4) **He made her his secretary.** 「彼は彼女を秘書にした」

　彼は彼女を、彼の秘書に作り変えたのである。こうイメージすると、makeが使役の意味を持つことも納得できる。意志ある人が、世界を変えるのだ。

①彼はなぜ怒ったのだろう。
②彼は英語で自分の考えをわかってもらおうとした。
③なんとか間に合った！
④4足す6で10になる。
⑤4かける6は24になる。

①彼はなぜ怒ったのだろう。

What made him **a**ngry?

［make＋O＋C ＝ OをCの状態にする］

②彼は英語で自分の考えをわかってもらおうとした。

He **tri**ed to **ma**ke himself under**stoo**d in **E**nglish.

［make＋O＋過去分詞＝Oが～される状態にする］

③なんとか間に合った！

We've **ju**st **ma**de **it**!

［make it ＝間に合う、うまくいく］

④4足す6で10になる。

Four and **six ma**kes **te**n.

［make ＝〈計算結果が〉～になる］

⑤4かける6は24になる。

Four times six makes **twe**nty-**four**.

①この文はまったく意味をなさない。
②お金を生かして使うようにしなさい。
③パーティーの日時を確かめてください。
④からかわないでくれ。
⑤妻と私はきのう仲直りした。

①この文はまったく意味をなさない。

This sentence makes no sense.

[make sense = 意味をなす]

②お金を生かして使うようにしなさい。

Try to make good use of your money.

[make use of ～ = ～を使う、利用する]

③パーティーの日時を確かめてください。

Make sure of the date of the party.

[make sure of ～ = ～を確かめる]

④からかわないでくれ。

Don't make fun of me.

[make fun of ～ = ～をからかう]

⑤妻と私はきのう仲直りした。

My wife and I made up yesterday.

[make up = 仲直りする]

①チーズは牛乳から作る。
②このいすは木製です。
③私は1か月で損害を取り戻さなくてはならない。
④彼の言っていることが理解できません。
⑤大家族をかかえてやりくりするのは簡単ではない。

①チーズは牛乳から作る。

Cheese is **ma**de from **mi**lk.

［make A from B = Bを加工してAを作り出す］

②このいすは木製です。

This **chair** is **ma**de of **woo**d.

［make A of B = Bを材料にしてAを作る］

③私は1か月で損害を取り戻さなくてはならない。

I must **make** **up** for the **lo**ss in a **mo**nth.

［make up for ～ = ～を埋め合わせする］

④彼の言っていることが理解できません。

I **ca**n't **make** **ou**t **wha**t he's **say**ing.

［make out ～ = ～を理解する］

⑤大家族をかかえてやりくりするのは簡単ではない。

It's **no**t **ea**sy to **make** **e**nds **mee**t with a **bi**g **fa**mily.

［make ends meet = 収支を合わせる］

let

●〜させてやる　●〜させてください
●〜しましょう

「したいようにさせる」のは
意志ある対象だけではない

　letは「〜が自由にしたいようにさせる」という意味の動詞だ。

　(1) My brother is letting his hair grow long.「兄は髪が伸びるままにしている」。髪の毛に意志があるわけではないが、伸びたいように伸ばしている、ということだ。切ることによって、それを阻止しない。

　(2) Let the cat come into the room.「ネコを部屋の中に入れてやりなさい」。入るのを阻止しているドアを開けてやりなさい、と言っている。

　(3) Let me try it.「私に試させてください」
　(4) Let me alone.「1人にさせてください」
　(3) も (4) も、要するに「私のしたいようにさせてくれ、邪魔しないでくれ」ということだ。

　(5) Please let me know what has happened.「何が起きたのか知らせてください」。これは、「私の知りたいという欲求を満足させてください」と解釈すればいいだろう。

①医者は私に何も食べることを許さなかった。
②散歩に行こうか。——行きましょう。
③遅れないようにしよう。
④お勘定を確認させてください。
⑤線ABの長さが線CDに等しいとしよう。

①医者は私に何も食べることを許さなかった。

The doctor didn't let me eat anything.

②散歩に行こうか。——行きましょう。

Shall we go for a walk? —— Yes, let's.

③遅れないようにしよう。

Let's not be late.

　　　　　　　　　　〔Let's 〜の否定形はLet's not 〜〕

④お勘定を確認させてください。

Let us check the bill.

　　　　　　　　〔Let us 〜＝私たちに〜させてください〕

⑤線ABの長さが線CDに等しいとしよう。

Let the line AB be equal in length to the line CD.

　　　　　　〔Let＋3人称の目的語＝仮に〜が…するとしよう〕

①お茶にしましょう。
②話題を変えましょう。
③仕事のことは忘れよう。
④どうなるか様子を見よう。
⑤最悪のケースについて考えてみましょう。

①お茶にしましょう。

　Let's break for tea.

　　　　　　〔Let's have a drink. なら「一杯やりましょう」〕

②話題を変えましょう。

　Let's change the subject.

　　　　　　〔Let's go on to the next subject. なら
　　　　　　　「次の件に進みましょう」〕

③仕事のことは忘れよう。

　Let's forget about work.

④どうなるか様子を見よう。

　Let's see what happens.

⑤最悪のケースについて考えてみましょう。

　Let's think about the worst scenario.

①私の名刺を差し上げましょう。
②スケジュールを調べてみましょう。
③彼の手があいたかどうか見てきましょう。
④一晩考えさせてください。
⑤明日お会いする時まで考えさせてください。

①私の名刺を差し上げましょう。

Let me give you my card.
[Let me introduce myself. なら「自己紹介させてください」]

②スケジュールを調べてみましょう。

Let me check my schedule.

③彼の手があいたかどうか見てきましょう。

Let me see if he is available.

④一晩考えさせてください。

Let me sleep on it.

⑤明日お会いする時まで考えさせてください。

Let me think it over until we meet tomorrow.
[Let me think it over a little longer. なら
「もう少し考えさせてください」]

put

- ●置く
- ●訳す
- ●みなす
- ●据える
- ●記入する

「置く」というより
物の居場所を定めてあげる

putは「物をある場所に据える」ことだ。置くというと、平面上に置くイメージが強いが、要するに物の居場所を定めてやるのがputなのである。

(1) He put the key into his pocket.「彼はポケットに鍵を入れた」。これは、鍵の居場所をポケットの中にした、ということだ。「置いた」とは訳せない。

(2) Don't put your head out of the car window.「車の窓から顔を出さないで」。これも「置く」という動作ではなく、顔の位置について言っている。なお、日本語では「顔」だが、英語では「頭部」の意味でheadを用いている。

(3) Put these data into the computer.「これらのデータをコンピュータに入れてください」。この文の場合、物の移動ではなく、情報の移動である。インプット、アウトプットというputの使い方も同様に理解できる。

(4) Put yourself in my place.「私の立場になってみてください」。これは、「仮にあなたを私の立場に置いてみてくれ」と頼んでいるのであり、あくまで心理上のことである。もちろん物理的な移動ではない。

①部屋を整頓しなさい。
②この文を英語に訳してくれませんか。
③ここに名前をお書きください。
④その数字をかっこで囲みなさい。
⑤私は彼を、この国のテニスプレーヤーの5指に入ると
　思う。

①部屋を整頓しなさい。

　Put your room in order.

　　　　　　　〔put 〜 in order ＝ 〜を整理〔整頓〕する〕

②この文を英語に訳してくれませんか。

　Could you put this sentence into English?

　　　　　　　〔put A into B ＝ AをBに翻訳する〕

③ここに名前をお書きください。

　Put your name, here.

　　　　　　　　　　　　　　〔put ＝記入する〕

④その数字をかっこで囲みなさい。

　Put the number in parentheses.

⑤私は彼を、この国のテニスプレーヤーの5指に入ると
　思う。

　I'd put him among the top five tennis players
　in this country.

　　　　　　　　　　　〔put ＝みなす、位置づける〕

①彼は体重が増えてきた。
②彼は出かける前にコートを着た。
③われわれは新しいエアコンを取り付けてもらった。
④ボールを全部集めて箱に入れなさい。
⑤彼はその金を将来のためにとっておいた。

①彼は体重が増えてきた。

He's **putting on weight**.

〔put on weight＝体重が増す〕

②彼は出かける前にコートを着た。

He **put on** his **coat** before **go**ing out.

〔put on ～＝～を身につける〕

③われわれは新しいエアコンを取り付けてもらった。

We **had** a **new air** con**di**tioner **put in**.

〔put in ～＝～を備え付ける〕

④ボールを全部集めて箱に入れなさい。

Put all the **balls** to**ge**ther in a **box**.

〔put ～ together＝～を集めてまとめる〕

⑤彼はその金を将来のためにとっておいた。

He **put a**side the **mo**ney for the **fu**ture.

〔put aside ～＝～をとっておく、蓄える〕

①彼らはじきに火を消した。
②私たちは年に6回雑誌を発行している。
③時計を3分進めた。
④私は自分の考えをノートに書き留めた。
⑤この騒音にはもう耐えられません。

①彼らはじきに火を消した。

　　They **soon** **put** **out** the **fire**.

　　　　　　　　　［put out ～＝〈火・電灯などを〉消す］

②私たちは年に6回雑誌を発行している。

　　We **put** **out** a **magazine** **six** **times** a **year**.

　　　　　　　　　［put out ～＝～を公表する、出版する］

③時計を3分進めた。

　　I **put** the **clock** **forward** by **three** **minutes**.

　　　　　　　　　［put ～ forward ＝〈時計の針を〉進める］

④私は自分の考えをノートに書き留めた。

　　I **put** **down** my **ideas** in the **notebook**.

　　　　　　　　　［put down ～＝～を書き留める］

⑤この騒音にはもう耐えられません。

　　I **cannot** **put** **up** with this **noise** any **longer**.

　　　　　　　　　［put up with ～＝～にがまんする］

come

- ●来る
- ●〜するようになる
- ●行く
- ●〜の出身だ
- ●思いつく

「近づいて現れる」と捉えると
使い道が広がる

comeは「来る」と訳されたり、「行く」と訳されたりする。comeという動詞は、どう捉えたらいいのだろう。

こう考えてみたらどうか。comeを「近づいて現れる」と捉えるのだ。

「来る」は誰か（何か）がこちらに近づいて姿を現すのだし、「行く」は、こちらが相手の所に「近づいていって（向こうに）現れる」のである。

(1) Here comes the bus.「バスが来た」。これは、バスがこちらに近づいて現れたのだ。

(2) May I come to the party?「私もパーティーにうかがっていいですか」。こちらは、私のほうが、相手のパーティーに近づいていって現れるという話だ。

(3) What time shall I come?「何時にうかがいましょうか」

これも、相手の立場に立って、私が向こうに現れる話である。

comeは「近づいて現れる」という具体的な行為を表すだけではない。

(4) Where do you come from?「あなたはどこの出身ですか」。これは出身地を尋ねる決まり文句である。

なお、comeに「思いつく」などという意味があるのも、「考えが近づいてきて現れる」とイメージすれば理解できるだろう。

①私は真実を知るようになった。
②その町をあとにする時が来た。
③その写真は2ページ目に来るべきだ。
④この食事にはコーヒーがついていますか。
⑤あなたの夢が実現するとよいですね。

①私は真実を知るようになった。

I came to know the truth.

[come＋to不定詞＝～するようになる]

②その町をあとにする時が来た。

The time has come when I must leave the town.

[come＝～する時が来る]

③その写真は2ページ目に来るべきだ。

The photo should come on the second page.

④この食事にはコーヒーがついていますか。

Does coffee come with this dinner?

⑤あなたの夢が実現するとよいですね。

I hope your dream will come true.

[come true＝〈夢や予言が〉実現する]

①新しいアイデアが浮かんだ。
②お勘定は2万円になります。
③その百科事典は全10巻です。
④この言葉はラテン語が起源です。
⑤ボタンが取れた。

①新しいアイデアが浮かんだ。

A **new idea came to** me.

［come to 人 =〈考えなどが〉浮かぶ、思いつく］

②お勘定は2万円になります。

Your **bill comes to twenty thou**sand **yen**.

［come to 〜 =〈総額が〉〜になる］

③その百科事典は全10巻です。

The encyclopedia **comes in 10 vo**lumes.

［come in 〜 =〈商品が〉〜の形で入手できる］

④この言葉はラテン語が起源です。

This **word comes from La**tin.

［come from 〜 =〜に由来する］

⑤ボタンが取れた。

A **button** has **come off**.

［come off =〈ボタン・柄などが〉取れる］

①彼の名前が思い出せなかった。
②どのようにその事故は起こったのですか。
③この本は10年前に出版された。
④先月は果物が値下がりした。
⑤研究は順調に進んでいますか。

①彼の名前が思い出せなかった。

His **na**me **di**dn't <u>**come**</u> <u>**ba**ck</u> <u>to</u> me.

［come back to 人 ＝～に思い出される］

②どのようにその事故は起こったのですか。

How did the **a**ccident <u>**co**me</u> <u>a**bou**t</u>?

［come about ＝起こる］

③この本は10年前に出版された。

This **boo**k <u>**ca**me</u> <u>**ou**t</u> **10** years ago.

［come out ＝出版される］

④先月は果物が値下がりした。

Fruits <u>**ca**me</u> <u>**dow**n</u>（in **pri**ce）**la**st **mo**nth.

［come down ＝〈価格・評価などが〉下がる］

⑤研究は順調に進んでいますか。

How are you <u>**co**ming</u> <u>a**lon**g</u> <u>with</u> your **wo**rk?

［come along with ～ ＝～がうまくいっている］

go

- ●行く
- ●〜に至る
- ●作動する
- ●通う
- ●消え去る
- ●進行する

「行く」「至る」だけでなく、「進む、進展する」という意味も

goは「行く」という意味とともに、行った結果どこかに「至る」という意味がある。いずれにしても、今いる地点から進んでいくことに違いはない。そこで、「進む、進展する」という意味も表すことになる。

まず、「行く」の意味の用例から見てみよう。

(1) They **went** **sho**pping in Shibuya yesterday. 「きのう彼らは渋谷に買い物に行った」。go shoppingは「買い物に行く」、go swimmingなら「泳ぎに行く」である。

(2) He **goes** to school by bus. 「彼はバス通学です」。この文は、学校へ通うのにバスを利用している、という毎日の習慣を表している。次は「〜に至る、到達する」という使い方の例である。

(3) This **road** **goes** to Sapporo Station. 「この道路は札幌駅につながっています」

(4) Does this rope **go** all the **way** to the ground? 「このロープは地面まで届きますか」

もう1つ、「行き来している」という用例も見ておくことにしよう。

(5) This **train** **goes** between Shinjuku and Narita. 「この列車は新宿と成田の間を走っている」

①コップはどこにしまうのですか。
②歯の痛みはなくなりましたか。
③私の車の調子があまりよくない。
④新しい仕事の具合はどうですか。
⑤事態はますます悪化した。

①コップはどこにしまうのですか。

Where do the **gla**sses **go**?

[go＝置かれる、納まる]

②歯の痛みはなくなりましたか。

Has your **too**thache **go**ne?

[go＝消え去る、なくなる]

③私の車の調子があまりよくない。

My **car** isn't **go**ing **ve**ry **we**ll.

[go＝〈機械などが〉動く、作動する]

④新しい仕事の具合はどうですか。

How is your **new jo**b **go**ing?

[go＝進行する]

⑤事態はますます悪化した。

Things **we**nt from **ba**d to **wor**se.

[go＋形容詞＝ある状態になる]

①彼は医者を呼びに行った。
②その法案は国会を通過した。
③初めてお会いしてから5年が経ちました。
④私は彼の計画にはついていけない。
⑤赤ワインは肉とよく合う。

①彼は医者を呼びに行った。

He went for a doctor.

〔go for 〜＝〜を呼びに行く、取りに行く〕

②その法案は国会を通過した。

The bill has gone through Parliament.

〔go through 〜＝〜を通過する〕

③初めてお会いしてから5年が経ちました。

Five years have gone by since we first met.

〔go by＝時間が過ぎる〕

④私は彼の計画にはついていけない。

I cannot go along with his plan.

〔go along with 〜＝〜に同調する〕

⑤赤ワインは肉とよく合う。

Red wine goes well with meat.

〔go with 〜＝〜と調和する、合う〕

①魚は暑い時はすぐ悪くなる。
②彼の血圧が上がった。
③彼女は1度も父親に逆らったことはない。
④彼は様々な苦しみを経てきた。
⑤彼らはよく朝食抜きですます。

①魚は暑い時はすぐ悪くなる。

Fish goes bad qui**ckly in hot wea**ther.

〔go bad =〈食品が〉腐る〕

②彼の血圧が上がった。

His **blood pre**ssure **went up**.

〔go up =上昇する〕

③彼女は1度も父親に逆らったことはない。

She's **never gone against** her **fa**ther.

〔go against 〜 = 〜に反対する〕

④彼は様々な苦しみを経てきた。

He has **gone through** the **har**dships of life.

〔go through 〜 = 〜を経験する〕

⑤彼らはよく朝食抜きですます。

They **often go without brea**kfast.

〔go without 〜 = 〜なしですます〕

最重要動詞を使った
ことわざ

① The **longest day** <u>has</u> an **end**.
「どんなに長い日にも終わりは来る」

② It <u>**takes**</u> money to <u>**make**</u> money.
「お金を作るにはお金がいる」

③ It <u>**takes**</u> **two** to <u>**make**</u> a **qua**rrel.
「2人いなければ喧嘩はできない」

④ Much **learning** <u>makes</u> men **mad**.
「人は学習しすぎるとおかしくなる」

⑤ Hope <u>**keeps**</u> **man** alive.
「希望は人を生き生きとさせておく」

⑥ <u>**Keep**</u> your **shop** and your **shop** will <u>**keep**</u> you.
「店をしっかり維持しなさい。そうすれば店があなたを維持してくれる」

⑦ After a **stor**m <u>co**mes**</u> a **ca**lm.
「嵐のあとになぎが来る」

IV

重要動詞20

ask

● 尋ねる　　　● 聞く
● 頼む　　　　● 要求する

質問するのも、依頼するのも
相手から情報を引き出す点は同じ

　askには「尋ねる」「依頼する」という2つの意味があるように見えるが、共に相手の意向を尋ねているという点では、根本的には大きな差はない。

（1）She asked me **how** to get to the station.「彼女は私に駅への行き方を尋ねた」なら、私は知っていることを答えればいい。

（2）She asked me to **show how** to get to the station.「彼女は私に駅への行き方を教えてくれと頼んだ」なら、Sure.などと引き受けて、駅への行き方を詳しく説明すればいい。

　このように、askは相手から何かの情報・意向を引き出そうとする行為を表す。

（3）He asked his boss for advice.「彼は上司に助言を頼んだ」の場合は、質問とも依頼とも取れる。要するに、adviceを求めてask した（相手の意向を問いただした）ということなのだ。

①彼は私にいくつかの質問をした。
②ご住所を教えていただけますか。
③私は彼女に名前をどうつづるのか聞いた。
④彼女は私に一緒に行ってくれと頼んだ。
⑤私は彼におなかがすいているか尋ねた。

①彼は私にいくつかの質問をした。

He **a**sked me **se**veral **que**stions.

②ご住所を教えていただけますか。

May I **a**sk your ad**dre**ss, please?

③私は彼女に名前をどうつづるのか聞いた。

I **a**sked her **how** to spe**ll** her **na**me.
[「どう発音するのか」なら how to pronounce her name]

④彼女は私に一緒に行ってくれと頼んだ。

She **a**sked me **to** go with **her**.
　　　　　[ask 人 + to不定詞＝人に〜してくれるよう頼む]

⑤私は彼におなかがすいているか尋ねた。

I **a**sked him **if** he was **hu**ngry.
　　　　　　　[ask 人 if 〜＝〜かどうか尋ねる]

①彼は上司に助言を頼んだ。
②私は彼の父親の安否を尋ねた。
③これはいくらですか。
④それは要求しすぎです。
⑤お願いがあるのですが。

①彼は上司に助言を頼んだ。

　He asked his boss for advice.

　　　　　　　　　　［ask 人 for 〜＝人に〜を頼む］

②私は彼の父親の安否を尋ねた。

　I asked after his father.

　　　　　　　　　　［ask after 〜＝〜の安否を尋ねる］

③これはいくらですか。

　What are you asking for it?

　　　　　　　　　［ask O for 〜＝〜の代価としてOを要求する］

④それは要求しすぎです。

　You are asking too much.

　　　　　　　　　　　　　　　　　［ask＝要求する］

⑤お願いがあるのですが。

　May I ask you a favor?

　　　　　　　　　　［Will you do me a favor? も同じ意味］

break

●割る ●折る
●破る ●こわれる
●休憩する

無理やり外力を加えられて
本来の「形」や「機能」を失うこと

まず「形」を失う場合。

（1）He **bro**ke the **va**se.「彼は花びんを割った」が典型例。花びんは粉々に割れ、もとの形は跡形もない。

次に「機能」を失う場合。

（2）Who **bro**ke this **clo**ck?「誰がこの時計をこわしたんだい」が典型例。

時計として機能しなくなった点にポイントが置かれている。

breakが比喩的に使われる場合は、（2）の応用例が多い。

（3）He **ne**ver **brea**ks his **pro**mises.「彼は決して約束を破らない」の場合はどうだろう。約束には決まった「形」があるわけではないので、「約束をこわす」のではなく、「約束の機能を失効させる」のである。

（4）Have you ever **bro**ken the **law**?「法律違反をしたことがありますか」も同様だ。法律に「形」があるわけではないので、法律の「機能」を停止させるような行為をしたことがありますか、と尋ねているのである。

「一休みする」というbreakは、仕事や作業の「機能」を一時的に停止する、という意味である。

①彼女はパンを真っ二つに割った。
②彼は右腕を骨折した。
③彼女はマラソンの世界記録を破った。
④彼は決して約束を破りません。
⑤これらのコップはこわれやすい。

①彼女はパンを真っ二つに割った。

　She **broke** the **brea**d in **two**.

[break ＝固い物をばらばらにする]

②彼は右腕を骨折した。

　He **bro**ke his **r**ight **ar**m.

③彼女はマラソンの世界記録を破った。

　She **bro**ke the **world** re**c**ord in the **ma**rathon.

[break ＝記録を破る、更新する]

④彼は決して約束を破りません。

　He **ne**ver **brea**ks his **pro**mises.

[break one's promise ＝約束を破る]

⑤これらのコップはこわれやすい。

　These **gla**sses **brea**k **ea**sily.

①われわれは昼食のために休憩した。
②彼は喫煙の習慣を断った。
③法律違反をしたことはありますか。
④昨夜彼の家で火事があった。
⑤通勤中に車が故障した。

①われわれは昼食のために休憩した。

We **bro**ke for **lu**nch.

[break ＝中断する]

②彼は喫煙の習慣を断った。

He **bro**ke the **ha**bit of **smo**king.

[break ＝習慣をやめる]

③法律違反をしたことはありますか。

Have you ever **bro**ken the **law**?

[break ＝〈法律などを〉破る]

④昨夜彼の家で火事があった。

A **fi**re **bro**ke **ou**t in his **hou**se **la**st **ni**ght.

[break out ＝急に発生する]

⑤通勤中に車が故障した。

My **car bro**ke **dow**n on the **way** to **wor**k.

[break down ＝故障する]

bring

●持ってくる　●連れてくる
●至らせる　●もたらす
●〜で売れる

通常はこちらに「持ってくる」
たまに「持っていく」

　物を携えてくる場合は「持ってくる」、人を携えて
くる場合は「連れてくる」と訳す。いずれにしても、
話し手のいる場所（こちら）が、移動先である。

　(1) Bring me a glass. 「コップを持ってきて」

　具体的なものではなく、抽象物の場合は「もたら
す」という訳が適する。

　(2) War brings grief. 「戦争は悲しみをもたらす」

　次のような、面白い用例もある。

　(3) Just bring yourself. 「あなただけを持ってきて」
とは、どういうことだろう。これは、「自分の体以外
何も持ってくるな」、すなわち「手ぶらで来てくださ
い」という意味である。

　さて、bringで注意を要するのは、いつも話者のい
る側に持ってくるとは限らないことだ。移動先が明示
されると「持っていく、連れていく」という訳がふさ
わしい場合も出てくる。例をあげておこう。

　(4) Bring your sister to the party. 「パーティーに妹
を連れておいでよ」

①ミルクを持ってきてください。
②カメラを持ってきましたか。
③彼は娘さんをパーティーに連れてきた。
④5分歩いたら公園に着いた。
⑤何の用でここに来たのですか。

①ミルクを持ってきてください。

Bring me some **mi**lk, please.

②カメラを持ってきましたか。

Have you **brou**ght your **ca**mera?

③彼は娘さんをパーティーに連れてきた。

He **brou**ght his **dau**ghter to the **par**ty.

④5分歩いたら公園に着いた。

A **fi**ve-**mi**nute **wa**lk **brou**ght us to the **par**k.

[bring 人 to ～ = 人を～に至らせる]

⑤何の用でここに来たのですか。

What has **brou**ght you here?

[bring = 至らせる、直訳は
「何があなたをここに来させたのですか」]

①石油がその国に多大な金をもたらしている。
②この切手は200ドルで売れるだろう。
③鍵を返すのを忘れないでください。
④彼は金持ちの家に育った。
⑤事故は彼の不注意運転で起きた。

①石油がその国に多大な金をもたらしている。

Oil brings a lot of money to the country.

[bring 物 to 〜 ＝物を〜にもたらす]

②この切手は200ドルで売れるだろう。

This **stamp will bring $200.**

[bring 〜 ＝〈〜で〉売れる]

③鍵を返すのを忘れないでください。

Don't for**get to bring the key ba**ck.

[bring 〜 back ＝〜を返す]

④彼は金持ちの家に育った。

He was **brought up** in a rich **fa**mily.

[bring up 〜 ＝〜を育てる]

⑤事故は彼の不注意運転で起きた。

The **a**ccident was **brought abou**t by his **care**less **dri**ving.

[bring about 〜 ＝〜を引き起こす]

call

● 呼ぶ　　　　● 電話する
● 名前が〜だ

「大きな声で叫ぶ」から「呼ぶ」の意に
受話器を通して呼ぶ場合は「電話をかける」

　まず「叫ぶ」という意味で使われている例文を見てみよう。

（1）Someone called "Help!"「誰かが『助けて！』と叫んだ」

「叫ぶ」のは誰かに何かを伝えるためのなので、「呼びかける、呼ぶ」という意味に移行したわけだ。

（2）She called my name.「彼女は私の名前を呼んだ」

　さらに、ちょっと意味が抽象化して、「OをCと呼ぶ、名づける」という意味にも発展した。

（3）Please call me Joe.「僕をジョーと呼んでください」

　もうひとつ、「訪問する」という意味もある。これも、玄関先で名前を呼ぶというように考えると、そう大きな飛躍ではない。

（4）If anyone calls, tell him I'm not at home.「誰か来たら、留守だと言ってくれ」

　call at 〜と熟語化すると、「ある場所を訪ねる」という意味がはっきりする。

（5）I'll call at her house this weekend.「週末に彼女の家に寄ってみます」

①私をケンと呼んでください。
②タクシーを呼んでください。
③あの建物の名は何ですか。
④ユミから電話があったと彼女にお伝えいただけますか。
⑤折り返し20分後にお電話ください。

①私をケンと呼んでください。
　Please <u>call</u> me Ken.

②タクシーを呼んでください。
　Please <u>call</u> me a taxi.
　　　　　　　　〔Please call a taxi for me. と同じ〕

③あの建物の名は何ですか。
　What is that building <u>called</u>?
　　　　　〔be called=呼ばれている、名前が〜である〕

④ユミから電話があったと彼女にお伝えいただけますか。
　Could you tell her Yumi <u>called</u>?
　　　　　　　　　　　〔call=電話する〕

⑤折り返し20分後にお電話ください。
　Could you <u>call</u> <u>back</u> in 20 minutes?
　　　　　　　〔call back=折り返し電話する〕

①明日あなたを迎えに行きましょうか。
②私は田中氏を事務所に訪ねた。
③週末に彼女の家に寄ってみます。
④試合は雨のため中止になった。
⑤この計画は大金を必要とする。

①明日あなたを迎えに行きましょうか。

Shall we <u>call</u> <u>for</u> you tomorrow?

[call for 〜＝〜を迎えに行く]

②私は田中氏を事務所に訪ねた。

I <u>called</u> <u>on</u> Mr. Tanaka at his office.

[call on 人＝人を訪ねる]

③週末に彼女の家に寄ってみます。

I'll <u>call</u> <u>at</u> her house this weekend.

[call at 場所＝場所を訪ねる]

④試合は雨のため中止になった。

The game was <u>called</u> <u>off</u> because of rain.

[call 〜 off ＝〜を中止にする]

⑤この計画は大金を必要とする。

This plan <u>calls</u> <u>for</u> a lot of money.

[call for 〜＝〜を必要とする、要求する]

do

●する　　　　●処理する
●薬が効く　　●料理する

「する」だけでは訳し足りない場合もある
do a problem は「問題を解く」の意

　doは「行為」を表す動詞の代表格で、もっとも抽象性の高い動詞だ。逆に言うと、もっとも意味の希薄な動詞ということにもなり、どんな動詞の代わりも務める「代動詞」の機能や、疑問文や否定文をつくる助っ人役、「助動詞」の役割も担うことになった。

　(1) Women speak more than men <u>do</u>.「女性は男性よりもよく話す」（代動詞）

　(2) <u>Do</u> you speak German?「ドイツ語は話しますか」（助動詞）

　次の文では、助動詞のdoと本動詞のdoが両方使われている。

　(3) What <u>do</u> you <u>do</u>?「あなたの職業は何ですか？」

　さて、このように意味の希薄なdoだが、一緒に使われる目的語の名詞によって、カメレオンのように意味を変えるのもdoの特徴と言える。

　例えば、上で触れたdo a problemは、「問題をどうとかする」すなわち「問題を解く」という意味になる。

　また、do the dishesなら、「皿をどうとかする」すなわち「皿を洗う」という意味になる。doの希薄さが、同時にdoのフットワークのよさの基になっているのだ。

①彼は屋根の上で何をしているのですか。
②あなたの職業は何ですか？――歯医者です。
③私は夕食後すぐに皿洗いをした。
④この薬は効きますよ。
⑤そのステーキはよく焼けている。

①彼は屋根の上で何をしているのですか。

What is he **do**ing on the **roo**f ?

②あなたの職業は何ですか？――歯医者です。

What <u>do</u> you **do**? ――I'm a **de**ntist.

［What are you doing?なら「何をしているところですか」］

③私は夕食後すぐに皿洗いをした。

I **di**d the **di**shes **ri**ght after **su**pper.

［do ＝処理する］

④この薬は効きますよ。

This **me**dicine will <u>do</u> you **goo**d.

［do ＝薬が効く］

⑤そのステーキはよく焼けている。

The **stea**k is **we**ll **do**ne.

［do ＝料理する、焼く］

①お願いがあるのですが。
②君は自転車をどうしたのですか。
③この本はもう読み終わりましたか。
④私は辞書なしではやっていけません。
⑤あなたはこの事故とどんな関係があるのですか。

①お願いがあるのですが。

　Will you **do** me a **fa**vor?

②君は自転車をどうしたのですか。

　What have you **do**ne with your **bi**cycle?
　　　　　　　　［do with 〜 = 〜を扱う、処理する］

③この本はもう読み終わりましたか。

　Are you **do**ne with this **boo**k?

④私は辞書なしではやっていけません。

　I **can**'t **do** without a **di**ctionary.
　　　　　　　　［do without 〜 = 〜なしですます］

⑤あなたはこの事故とどんな関係があるのですか。

　What do you **ha**ve **to do** with this **a**ccident?
　　　　　　　　［have to do with 〜 = 〜に関係がある］

feel

- ●感じる　　　●気分が〜だ
- ●〜したい気がする

物に触ると必ず感触がある
「触る」と「感じる」は、同時に起こる

feelは「触れる」→「触れて感じる」→「心に感じる」→「思う」と意味が変化する動詞だ。

(1) She felt his pulse.「彼女は彼の脈をとった」

これは、彼の手首に触って、脈をとったという意味である。同様に、feel his foreheadなら、「額に手を触れて熱がないか調べる」という意味になる。

(2) This cloth feels soft.「この布は手触りが柔らかだ」（触れて感じる場合）

(3) I feel lonely.「私は孤独を感じます」（心で感じる場合）

(4) How do you feel about it ?「それをどう思いますか」

この文のfeelはthinkと意味が似ているが、thinkのように根拠が明確でない場合、thinkよりアバウトな場合に使う。その証拠に、thinkを使う時は、

(5) What do you think about it ?

とHowではなくWhatを用いる。つまり、feelの「どう思うか」、thinkの「何を考えるか」という微妙な違いが疑問詞に表れるのである。thinkのほうがfeelよりかっちりした動詞なのだ。

①昨夜の地震を感じましたか。
②彼は何かが足をはい上がってくるのを感じた。
③少し気分がよくなりました。
④吐き気がします。
⑤今日は出かけたくありません。

①昨夜の地震を感じましたか。

　　Did you **feel** the earthquake last night?

②彼は何かが足をはい上がってくるのを感じた。

　　He **felt** something crawling up his leg.
　　　　　　［feel O 〜ing ＝ O が〜しているのを感じる］

③少し気分がよくなりました。

　　I feel better.

　　　　　　　　　　　　　　　　　［feel well の比較級］

④吐き気がします。

　　I feel like vomiting.
　　　　　　　　［feel like 〜ing ＝〜したい気がする］

⑤今日は出かけたくありません。

　　I don't feel like going out today.

①何だか息苦しく感じます。
②脈をとらせてください。
③負傷者に大いに同情いたします。
④彼女はポケットの中の鍵を手探りした。
⑤どうやら雨になりそうだ。

①何だか息苦しく感じます。

I **fee**l **a**s **if** it **is** **hard** to **brea**the.

[feel as if 〜＝〜であるかのような気がする]

②脈をとらせてください。

Let me **fee**l your **pu**lse.

[feel＝触って調べる]

③負傷者に大いに同情いたします。

I **fee**l **dee**ply for the **i**njured.

[feel＝同情する]

④彼女はポケットの中の鍵を手探りした。

She **fel**t in her **po**cket **for** a **key**.

[feel for 〜＝〜を手探りで捜す]

⑤どうやら雨になりそうだ。

It **fee**ls like **rai**n.

find

● 見つける　　●探す
● 〜ということがわかる
● 〜がある

「見つける」のは
「失くしたもの」か「初めてのもの」

まず失くしたものを見つける場合の典型例。

（1）She **found** her **mi**ssing **so**n.「彼女は行方不明の息子を見つけ出した」

次に、初めてのものを（偶然）見つける場合。

（2）**Where** did you **find** this **ski**rt?「このスカート、どこで見つけたの？」

初めてのものを発見する場合の発展例が、次の（3）だ。

（3）I **found** the **boo**k interesting.「その本は（読んでみると）面白いことがわかった」

この場合は、もちろん本は既知のものだが、その本が面白いことを新たに発見したわけだ。

さらに時間をかけて発見する場合もある。

（4）I **found** he had **no fa**mily.「（付き合っているうちに）彼には身寄りがないことがわかった」

偶然か故意かわからないが、ふとした機会に彼の身の上を知ってしまったのである。

①私はこのドレスをたまたま見つけた。
②あなたによい職を見つけてあげましょう。
③どうか私の自転車を探してください。
④通りの向こうに図書館があります。
⑤彼がとても神経質だということがわかった。

①私はこのドレスをたまたま見つけた。

I **fou**nd this **dre**ss by **cha**nce.

②あなたによい職を見つけてあげましょう。

I'll **find** you a **ni**ce **jo**b.

③どうか私の自転車を探してください。

Please **find** my **bi**cycle for me.

④通りの向こうに図書館があります。

You'll **find** a **li**brary across the **stree**t.

[There is 〜で書き換えられる]

⑤彼がとても神経質だということがわかった。

I **fou**nd him **ve**ry **ner**vous.

[find O (to be) 〜 = Oが〜であることがわかる]

①（読んでみると）その本はとても難しかった。
②彼はそのうわさがうそだとわかった。
③気がつくと山の頂上にいた。
④その男は庭で殺されているのを発見された。
⑤その博物館を訪れる時間がなかった。

①（読んでみると）その本はとても難しかった。

I found the book very difficult.

［経験を通してわかる］

②彼はそのうわさがうそだとわかった。

He found out that the rumor was not true.

［find out 〜 ＝〜だとわかる］

③気がつくと山の頂上にいた。

I found myself at the top of the mountain.

［find oneself ＝〈気がつくと〉ある場所にいる］

④その男は庭で殺されているのを発見された。

The man was found killed in the yard.

⑤その博物館を訪れる時間がなかった。

We couldn't find time to visit the museum.

hold

- ●持つ
- ●保持する
- ●開催する
- ●つかむ
- ●収容できる

いつまでも持っていられないものを
一時的に押さえておくこと

バレーボールにholdingという反則がある。ボールを一時的に持ってしまう場合や、偶然腕の上で転がった場合なども該当する。要するに、一瞬で手から離れるべきボールを一時的に触れたままにするのがホールディングなのだ。

（1）He held me by the arm.「彼は私の腕をつかんだ」という文は、つかんだまましばらく時間が経過したことを表している。

（2）He holds the long-jump record.「彼は走り幅跳びの記録を持っている」という文は、別の選手が記録を塗り替えるまでの一定期間、保持しているという意味である。

holdには、会などを「催す」という意味もあるが、これも開催期間中、保持していると考えればよくわかる。

電話に関する表現で、Hold the line, please.というのがあるが、これも「保持した状態を続けてください」、すなわち「切らないでください」という表現なのだ。

①フォークを左手に持ちなさい。
②彼は私の腕をつかんだ。
③彼は走り幅跳びの記録を持っている。
④このビンは1リットル入る。
⑤その劇場は800人を収容できる。

①フォークを左手に持ちなさい。

Hold the fork in your left hand.

[hold＝持つ、握る]

②彼は私の腕をつかんだ。

He held me by the arm.

[hold O by the arm＝Oを腕の所でつかむ]

③彼は走り幅跳びの記録を持っている。

He holds the long-jump record.

[hold＝記録を保持する]

④このビンは1リットル入る。

This bottle holds one litter.

[hold＝入れることができる]

⑤その劇場は800人を収容できる。

The theater holds 800 people.

[hold＝収容〔収納〕できる]

①オリンピックは4年ごとに開かれる。
②ドアを開けたままにしておいてください。
③（電話を）切らずにお待ちください。
④答えがわかったら手をあげなさい。
⑤隠し立てはやめなさい。

①オリンピックは4年ごとに開かれる。

The Olympic Games are <u>held</u> every **four years**.
[hold＝開催する]

②ドアを開けたままにしておいてください。

Please <u>hold</u> the **door** open.
[hold O C＝OをCの状態のままにしておく]

③（電話を）切らずにお待ちください。

<u>Hold</u> <u>on</u>, please.（<u>Hold</u> the **line**, please.）
[hold on＝電話を切らないでおく]

④答えがわかったら手をあげなさい。

<u>Hold</u> <u>up</u> your **hand** if you **know** the **answer**.
[hold up ～＝～を上げる]

⑤隠し立てはやめなさい。

Don't <u>hold</u> anything <u>ba</u>ck.
[hold ～ back＝～を秘密にしておく]

leave

- ●去る
- ●残す
- ●出発する
- ●置き忘れる

leaveには2つの視点がある
「後にして去る」と「去って後に残す」

まず「去る」場合の例から。

(1) She **left** the **co**mpany.「彼女は会社をやめた」

次に、「残す」の例を見てみよう。

(2) The **dog** **left** tra**c**ks on the **grou**nd.「犬は地面に足跡を残した」

「残す」場合には、意識的に残す場合と、無意識に残す場合がある。犬が足跡を残したのは、後者の場合（無意識の場合）である。

故意に残す場合の例文は、次のようなケースだろう。

(3) She **left** her **chi**ldren with her **nei**ghbor.「彼女は子供たちを近所の人に預けた」

さらには、次のように、わざと置いていく場合もある。

(4) Don't **lea**ve your **car** here during the night.「車を夜間置きっぱなしにしないでください」

以上、4つの例文を通して言えるのは、leaveという動詞は、自分の持ち物や所属から「遠ざかる」という共通イメージである。

①彼は明日成田を発ってパリに向かう。
②彼の妻は2年前に彼のもとを去った。
③息子は去年学校を退学した。
④彼は家族を田舎に残してきた。
⑤電車に傘を置き忘れた。

①彼は明日成田を発ってパリに向かう。

He leaves Narita for Paris tomorrow.

②彼の妻は2年前に彼のもとを去った。

His wife left him two years ago.

③息子は去年学校を退学した。

My son left school last year.

[「卒業した」の意味にもなる]

④彼は家族を田舎に残してきた。

He left his family in the country.

[leave＝残す、連れていかない]

⑤電車に傘を置き忘れた。

I left my umbrella on the train.

[leave＝置き忘れる]

①彼は娘に莫大な財産を残した。
②お金はいくら余っている？
③エンジンをかけっぱなしにしておくな。
④それは私に任せてください。
⑤そろそろ失礼します。

①彼は娘に莫大な財産を残した。

He left his daughter a large fortune.

〔leave＝残して死ぬ〕

②お金はいくら余っている？

How much money is left?

〔be left＝残っている〕

③エンジンをかけっぱなしにしておくな。

Don't leave the engine running.

〔leave O 〜ing ＝ O が〜するままにしておく〕

④それは私に任せてください。

Please leave it to me.

〔leave＝任せる、ゆだねる〕

⑤そろそろ失礼します。

I have to leave now.

〔leave＝その場を離れる〕

like

- ●好きだ
- ●〜のほうにする
- ●〜してほしい
- ●好みは〜だ

「好き」だという感情にも
よく見ると、実は微妙な違いがある

「好き」という感情にも、いろいろある。例えば、歌うのが好きな場合で考えてみよう。まずはオーソドックスな次の表現。

(1) I like singing.「私は歌うのが好きだ」

これに対して、次の文はどこが違うのだろう。

(2) I like to sing with you.「私はあなたと一緒に歌うのが好きだ」

(1) は漠然と歌うのが好きだと言っているのに対し、(2) は「あなたと歌うのが好きだ」と、話がより具体的である。いつも好きとは言っていないのである。

このように、「好き」の中身の微妙な違いを、目的語に動名詞をとるか、不定詞をとるかで表現しているのは面白い。

(3) I like music.「私は音楽が好きだ」

この文の場合は、訳し方はひとつだが、表している内容は、実はあいまいだ。音楽を聴くのが好きな場合も、音楽を演奏するのが好きな場合も、この文から考えられるからである。

(4) I like cats.「私はネコが好きだ」はどうだろう。「好き」の中身はもっと千差万別になるような気がする。likeという動詞は、なかなか奥が深いのである。

①私は野球をするのが好きだ。

②私はこの球場で野球をするのが好きだ。

③お茶とコーヒーのどちらにしますか。

④お茶とコーヒーのどちらのほうが好きですか。

⑤私は彼に素早く行動してもらいたい。

---

①私は野球をするのが好きだ。

  I like playing baseball.

[②と比較せよ]

②私はこの球場で野球をするのが好きだ。

  I like to play baseball in this ground.

[like to 〜のほうが like 〜ing より具体的]

③お茶とコーヒーのどちらにしますか。

  Which do you like, tea or coffee?

[④と比較せよ]

④お茶とコーヒーのどちらのほうが好きですか。

  Which do you like better, tea or coffee?

[③は「今どちらを飲むか」、
④は「一般にどちらが好きか」を尋ねている]

⑤私は彼に素早く行動してもらいたい。

  I'd like him to act quickly.

[I'd like O to 不定詞 = O に〜してほしい]

①ステーキはどのように焼きますか。
②お茶は熱いのが好きです。
③口座を開きたいのですが。
④日本語ができるガイドをお願いしたいのですが。
⑤ご一緒に昼食でもいかがですか。

①ステーキはどのように焼きますか。

How do you <u>like</u> your **stea**k?

[How do you like your eggs? なら
「卵はどのように調理しましょう」]

②お茶は熱いのが好きです。

I <u>like</u> <u>my</u> **tea** **ho**t.

[like one's tea ～＝お茶の好みは～だ]

③口座を開きたいのですが。

<u>I'</u>d <u>like</u> <u>to</u> **o**pen an ac**cou**nt.

[I'd like to ～＝～したい]

④日本語ができるガイドをお願いしたいのですが。

<u>I'</u>d <u>like</u> a Japa**ne**se-**spea**king **gui**de, please.

[I'd like ～＝～が欲しい]

⑤ご一緒に昼食でもいかがですか。

<u>Would</u> <u>you</u> <u>like</u> <u>to</u> **go** out for **lu**nch with us?

[Would you like to ～ ? ＝～したいですか]

look

- ●意識して見る
- ●見つめる
- ●〜に見える
- ●まるで〜のようだ

lookは「視線を向ける」こと
その結果「見える」のはsee

lookとseeは、共に「見る」という意味を持つ語だが、明確な違いがある。lookは意識的に「視線を向ける」ことであるのに対し、seeは無意識に「視野に入る・見える」ことなのだ。

(1) Look! Here comes the parade. 「ほら、パレードが来た！」

これが典型的なlookの例で、「意識的に視線を向ける」ことを相手に促している。

(2) I can't see anything without my glasses. 「私はめがねをかけないと何も見えない」

こちらが典型的なseeの例で、「何も視野に捉えることができない」と言っているのである。

このlookとseeの関係は、聴覚の場合の、listen toとhearの関係にパラレルである。よく英語の聞き取りテストをヒアリング・テストと言う人がいるが、これはリスニング・テストの誤りで、hearing testはただの「聴覚テスト」（ものが聞こえるかどうかの耳のテスト）の意味になってしまう。

「ちらりと見る」という意味のglanceとglimpseの場合も同様で、glanceは「意識的にちらりと見る」、glimpseは「ちらっと見える」という違いがある。

①あちこち捜したが、鍵が見つからなかった。
②彼は車を止めて地図を見た。
③顔色が悪いよ。
④これらの鳥は私には同じように見える。
⑤彼女はそのニュースを知らないようだった。

①あちこち捜したが、鍵が見つからなかった。

I **loo**ked **e**verywhere, but **cou**ldn't **f**ind the **key**.

［look = 意識して見る］

②彼は車を止めて地図を見た。

He **sto**pped the **car** and **loo**ked **at** the **ma**p.

［look at ～ = ～を見る、見つめる］

③顔色が悪いよ。

You look pale.

［look C = C に見える］

④これらの鳥は私には同じように見える。

These **bir**ds **loo**k alike to me.

⑤彼女はそのニュースを知らないようだった。

She **loo**ked as if she **di**dn't **know** the **new**s.

［look as if ～ = まるで～のように見える］

①雪が降りそうだ。
②私は貸家を探している。
③私の荷物に気をつけていてください。
④気をつけろ。
⑤お目にかかるのを楽しみにしています。

①雪が降りそうだ。

　It **looks** <u>like</u> **sno**w.

[It feels like snow. とほぼ同じ]

②私は貸家を探している。

　I'm **loo**king <u>for</u> a **hou**se to **re**nt.

[look for 〜＝〜を探す]

③私の荷物に気をつけていてください。

　Could you **look** <u>after</u> my **ba**ggage?

[look after 〜＝〜に気をつける、世話をする]

④気をつけろ。

　Look **ou**t!

[look out ＝〈危険などに〉気をつける]

⑤お目にかかるのを楽しみにしています。

　I'm **loo**king **for**ward <u>to</u> **see**ing you.

[look forward to 〜＝〜を楽しみに待つ]

run

●走る　　　　●運行する
●機械が動く　●流れる
●稼働する　　●経営する

自動詞なら「走る」
他動詞なら「動く状態にする」

runは「走る」という自動詞としておなじみの単語だが、他動詞としても、よく働く。

自動詞としては、「走る」以外に「流れる」「(機械が)動く」「運行する」などの意味を表すが、他動詞の場合は、要するに「runさせる」という意味だと考えればいい。他動詞の場合の例を見てみよう。

(1) He knows how to run this printer.「彼はこのプリンターの扱い方を知っている」

これは、「機械が動くようにさせる」、すなわち「操作する」という意味だ。

(2) He runs three restaurants.「彼はレストランを3軒経営している」

これは、「営む、経営する」という意味で使われている。

自動詞に戻るが、次のような面白い言い方がある。

(3) Your nose's running.

「君の鼻が走っている」では、どう考えてもおかしい。これは、「流れる」という意味のrunの応用で、「鼻水が流れているよ」という意味なのだ。もっとも、この言い方はあまりに露骨なので、You've got a runny nose.のほうが好まれるらしい。

①事故のため、列車は10分遅れで運転されている。
②この電卓は太陽電池で動く。
③セーヌ川はパリを流れている。
④誰が水を流しっぱなしにしたの？
⑤彼は電話をかけている間、エンジンをかけっぱなしにした。

①事故のため、列車は10分遅れで運転されている。

Trains are running ten minutes late because of the accident.

［run＝運行する］

②この電卓は太陽電池で動く。

This calculator **runs** by solar batteries.

［run＝〈機械が〉動く］

③セーヌ川はパリを流れている。

The Seine **runs** through Paris.

［run＝川が流れる］

④誰が水を流しっぱなしにしたの？

Who left the water **running**?

［run＝水が流れる］

⑤彼は電話をかけている間、エンジンをかけっぱなしにした。

He left the engine **running** while he was making a phone call.

［run＝稼働する］

①この2つのプログラムを同時に作動させることはできるのですか。
②そのホテルを経営するだけのお金はない。
③在庫が切れそうだ。
④車がガス欠になった。
⑤通りで旧友に偶然出会った。

---

①この2つのプログラムを同時に作動させることはできるのですか。

Can you **run** bo**th** of these two **prog**rams at once?

［run＝作動する］

②そのホテルを経営するだけのお金はない。

There is **no**t e**nough** **mo**ney to **run** the ho**te**l.

［run＝経営する］

③在庫が切れそうだ。

Our **stock** is **ru**nning **shor**t.

［run short＝不足する、切れる］

④車がガス欠になった。

The **car** has **run** out of **ga**s.

［run out of ～＝～を使い果たす］

⑤通りで旧友に偶然出会った。

I **ra**n **into** my **o**ld **frie**nd on the **stree**t.

［run into ～＝～に偶然出会う］

say

●言う　　　　●示す
●書いてある

口で言うだけでなく、書いたものが「もの言う」のも say

　speak は必ず「音を出して言う」という意味だが、say は「音または文字で言う」という意味である。したがって、次のような言い方が可能になる。

（1）**Wha**t does this **si**gn <u>say</u>?「この看板、何て書いてあるんだ？」

　次の例のように、無言で示す場合にも使える。

（2）**Wha**t does the **clo**ck <u>say</u>?「時計は何時ですか」

　これは、何時だと示しているか（何時を指しているか）という問いだ。

　ところで、「言う」という意味の動詞には、say、speak 以外に、talk と tell がある。talk は「言葉によるやりとりをする」という意味で、複数の人が参加していることが前提である。

（3）They <u>talked</u> for over **two hour**s.「彼らは2時間以上話し合った」

　もう1つの tell は「言う」より「伝える」のほうが近い。つまり、内容の伝達に主眼が置かれている。

（4）**Do**n't <u>tell</u> **a**nyone.「誰にも言うなよ」

　これは、特定の話題（伝達内容）について、それを誰にも漏らすな、と言っているのである。

①これ以上君に言うことは何もない。
②どちらの本が面白いか言うのは難しい。
③今は何も言いたくありません。
④この手紙を誰が書いたかわからない。
⑤お気の毒ですがお手伝いはできません。

①これ以上君に言うことは何もない。

　I have **no**thing **more** to **say** to you.

　　　　　　　[Do you have anything to say？なら
　　　　　　　　「何か言っておくことはありますか」]

②どちらの本が面白いか言うのは難しい。

　It is **hard** to **say** **whi**ch **book** is **more** interesting.

③今は何も言いたくありません。

　I'd **ra**ther **no**t **say** at the **mo**ment.

　　　　　　　[I'd rather not ～＝～しないほうがいい]

④この手紙を誰が書いたかわからない。

　I **can**'t **say** who **wro**te this **le**tter.

⑤お気の毒ですがお手伝いはできません。

　I am **sorry** to **say** I cannot **hel**p you.

①時計は何時ですか。
②その手紙には何と書いてありますか。
③その選手は来年引退すると言われている。
④ご家族の皆さんによろしく。
⑤今夜は外食でもどうですか。

①時計は何時ですか。

What does the **cloc**k **say**?

[say＝時計の針が示している]

②その手紙には何と書いてありますか。

What does the **le**tter **say**?

[say＝書いてある]

③その選手は来年引退すると言われている。

It is **said** that the **pla**yer will re**ti**re next year.

[It is said that 〜＝〜と言われている]

④ご家族の皆さんによろしく。

Please say hello to your **fa**mily.

[say hello to 〜＝〜によろしく]

⑤今夜は外食でもどうですか。

What do you **say** we **ea**t out to**ni**ght?

[What do you say＋文＝〜はどうですか]

see

- ●見る
- ●見かける
- ●わかる
- ●見える
- ●会う

「視界の中にある」ということ
見えたものは「理解」される！

lookのところで説明したように、lookは「意識的に視線を向ける」ことであるのに対し、seeは「（無意識のうちに）視野に入る」ことだ。「見る」よりも「見える」に近い。

(1) I **looked** back but I **saw no**body there.「私は後ろを振り向いたが、そこには誰も見えなかった」

この例は、lookとseeの違いを浮き彫りにしている。誰かいるような気がして（意識的に）振り返ったが、誰も視野の中にいなかった（見えてこなかった）というわけである。

(1) の文は、「そこには誰もいなかった」と訳しても、あまり問題がない。つまり、「見えない」ということは「いない」にほぼ等しい。逆に、「見える」は「見て取れる」、つまり「わかる、理解する」に通じる。

(2) I **see** what you **mean**.「あなたの言いたいことはわかります」

これは、文字通り、「あなたの話が見えてきた」に近い表現なのである。

(3) **Can't** you **see** she's **sick**?「彼女が具合が悪いのがわからないの？」

この文の場合は、よく見れば彼女の具合が悪いのは明らかじゃないか、という気持ちが働いている。

こんなときに使えます！

①私はボブが川の向こう岸に泳いで渡るのを見ました。
②私はボブが川を泳いで渡っているのを見かけました。
③あたりを見回したが、何も見えませんでした。
④あなたはコアラを見たことがありますか。
⑤お久しぶりですね。

①私はボブが川の向こう岸に泳いで渡るのを見ました。

I **saw** Bob **swi**m across the river.

[ボブが川を渡りきったことを見届けている]

②私はボブが川を泳いで渡っているのを見かけました。

I **saw** Bob **swi**mming across the river.

[渡っている姿を見かけただけで、渡りきったかは不明。
①と比較せよ]

③あたりを見回したが、何も見えませんでした。

I **loo**ked around but **saw no**thing.

[look は「〈意識的に〉見る」、see は「〈受動的に〉見える」]

④あなたはコアラを見たことがありますか。

Have you ever **see**n a koala?

⑤お久しぶりですね。

I **ha**ven't **see** you for a **lo**ng **ti**me.

[see＝会う]

104

①明日遊びに来ませんか。
②医者にみてもらったほうがよさそうだ。
③郵便屋さんが来たかどうか見てきて。
④彼の話の主旨がわからなかった。
⑤空港にお見送りにまいりましょう。

①明日遊びに来ませんか。

Would you **co**me and **see** me to**mor**row?

②医者にみてもらったほうがよさそうだ。

I'd **be**tter **see** a **do**ctor.

［see＝医者にみてもらう］

③郵便屋さんが来たかどうか見てきて。

See if the **po**stman has **co**me.

④彼の話の主旨がわからなかった。

I **di**dn't see his **poi**nt.

［see＝見て取る、わかる］

⑤空港にお見送りにまいりましょう。

I'll **see** you off at the **air**port.

［see ～ off＝～を見送る］

set

- ●置く
- ●決める
- ●沈む
- ●準備する
- ●セットする

所定の位置に置かれている状態にする
置かれた結果が名詞の「セット」

テニスやバレーボールの試合に「セット」という単位がある。テニスなら6ゲームを先取すればセットを取ったことになる。このように、setはあらかじめ決められた「ひとまとまり」のことだ。

動詞のsetも、あらかじめ想定された（所定の）位置に置くことである。

(1) I set the table for four.

この文の意味は、4人が食事できるように、食器類を並べたということ。ナイフ、フォーク、スプーンなどを正しい位置に並べたということを言っている。

もちろん、この世のあらゆるものに所定の位置があるわけではないが、意識してきちんと置く（はめる、調整する）という基本は変わらない。

(2) I set the alarm for six thirty.「目覚ましを6時半に合わせた」

setには「太陽などが沈む」という意味もある。これは、1日の運行を終え、「落ち着くところに落ち着く」というイメージなのだろう。

①先生は机の上にCDプレーヤーを置いた。
②夕食のため食卓の準備をしなくてはならなかった。
③会合の日取りを決めましょう。
④テレビを6チャンネルに合わせてください。
⑤この時計を10分遅らせてください。

①先生は机の上にCDプレーヤーを置いた。

The **tea**cher <u>se</u>t the **CD pla**yer on the **de**sk.

［set＝置く］

②夕食のため食卓の準備をしなくてはならなかった。

I **ha**d to <u>se</u>t the **ta**ble for **su**pper.

［set＝準備する、調整する］

③会合の日取りを決めましょう。

Let's <u>se</u>t the **da**te for the **mee**ting.

［set＝日時などを決める］

④テレビを6チャンネルに合わせてください。

Please <u>se</u>t the **te**levision to **Cha**nnel **6**.

⑤この時計を10分遅らせてください。

<u>Se</u>t this **clo**ck <u>back</u> **te**n **mi**nutes.

［set ～ back＝～を遅らせる］

①太陽は西に沈む。

②私はかごを開けて鳥を放してやった。

③彼女はヨーロッパに旅立った。

④父は会社を辞めて、本屋を始めた。

⑤親は子供たちのよい手本にならねばならない。

①太陽は西に沈む。

　The **su**n **se**ts in the **we**st.

　　　　　　　　　　　　　[set ＝沈む、没する]

②私はかごを開けて鳥を放してやった。

　I **o**pened the **ca**ge and **se**t the **bi**rd **free**.

　　　　　　　　　[set ～ free ＝～を解放する]

③彼女はヨーロッパに旅立った。

　She **se**t **ou**t on a **tr**ip to **Eu**rope.

　　　　　　　　　　　　[set out ＝出発する]

④父は会社を辞めて、本屋を始めた。

　My **fa**ther **qui**t the **co**mpany and **se**t **up** a **boo**k **sho**p.

　　　　　　　　　[set up ～ ＝〈商売を〉始める]

⑤親は子供たちのよい手本にならねばならない。

　Parents should **se**t a **goo**d e**xa**mple for their **chi**ldren.

　　　　　　　　　　　　　　　[set ＝示す]

tell

●言う ●話して聞かせる
●教える ●見分ける

常に内容が伴っているのがtell
「言う」より「伝える」に主眼がある

sayのところで説明したように、tellは単に「言う、話す」という意味ではなく、特定の内容の事柄を「伝える、伝達する」という点に主眼が置かれる。

(1) **Tell** me the tru**th**.「本当のことを言ってくれ」

これは、単に話をしてくれというのではなく、うそ偽りを交えず真実を告げてくれ、という意味だ。いかに伝達内容が重視されているかがわかる例である。

fortune-tellerという職業がある。「人の運勢を告げる人」、すなわち「占い師、易者」のことである。

tellするのは、人とは限らない。

(2) **Clocks te**ll the **ti**me.「時計は時刻を告げる」

これから見ていただく例文(111ページ)の中に、tell the difference between A and B(AとBの区別をする)という表現が出てくる。「区別する」という意味では、次のような表現も可能である

(3) Can you **tell whea**t from **bar**ley?「大麦と小麦の区別がつきますか」

①どんなにうれしいか言葉で言えないくらいだ。
②彼女は毎晩息子に話をして聞かせる。
③加藤夫妻がカナダでの経験について話してくれた。
④彼女は新しい電話番号を教えてくれた。
⑤この本はパンの作り方を教えてくれる。

①どんなにうれしいか言葉で言えないくらいだ。

I cannot tell how glad I am.

②彼女は毎晩息子に話をして聞かせる。

She tells a story to her son every night.

③加藤夫妻がカナダでの経験について話してくれた。

Mr. and Mrs. Kato told us about their experiences
in Canada.

④彼女は新しい電話番号を教えてくれた。

She told me her new telephone number.

［tell＝教える］

⑤この本はパンの作り方を教えてくれる。

This book tells you how to make bread.

［tell 人 how to ～＝～の仕方を人に教える］

①どこでこの辞書を買ったか教えてください。
②警官が彼に車を移動するように言った。
③この単語をどう発音するのか、私にはわからない。
④私はエミとお姉さんの区別ができない。
⑤実を言うと、彼には会ったことがない。

①どこでこの辞書を買ったか教えてください。

Tell me where you bought this dictionary.

②警官が彼に車を移動するように言った。

A policeman told him to move his car.

[tell 人 to不定詞＝人に～するように命ずる]

③この単語をどう発音するのか、私にはわからない。

I cannot tell how this word is pronounced.

④私はエミとお姉さんの区別ができない。

I can't tell the difference between Emi and her sister.

[tell ＝見分ける]

⑤実を言うと、彼には会ったことがない。

To tell the truth, I've never seen him.

[To tell the truth ＝本当のことを言うと]

turn

●曲がる ●回転させる
●〜の状態になる
●変わる ●向ける

「向きを変える」
向きが変われば「状態も変わる」

マラソンの折り返し地点のことを、英語ではturnという。走者はここで走る方向を180度変えるわけだが、変わるのは単に方向だけではない。見える景色も今までと逆転するし、受ける風の向きも変わる。もちろん太陽の向きも逆転する。

このように、turnは「向きを変える」ことだが、それによって「状態も一変する」のである。

(1) The **snow** tur**ne**d to rai**n**.「雪は雨に変わった」

ところで、turnは折り返し地点で向きを変えるような場合だけではない。1年を通して、次第に向き（位置）を変える場合もある。天体の運動がそれだ。

(2) The **moo**n tur**ns** around the **ear**th.「月は地球のまわりを回る」

向きを変えるには、どうしてもくるりと回転する必要があるのだ。

(3) She **tur**ned the **o**melet **qui**ckly.「彼女はオムレツをすばやくひっくり返した」

turnerという職業がある。「まわし屋」とは何かというと「ろくろ師」や「旋盤工」のことなのだそうだ。

①私は突き当たりを右に曲がった。
②ハンドルを左に切りなさい。
③先生は私のほうに目を向けた。
④彼はシャツを裏返した。
⑤彼女はその知らせを聞いて青くなった。

①私は突き当たりを右に曲がった。

I <u>tur</u>ned right at the end of the road.

[turn =〈角などを〉曲がる]

②ハンドルを左に切りなさい。

<u>Tur</u>n the steering wheel to the left.

[turn =回転させる]

③先生は私のほうに目を向けた。

The teacher <u>tur</u>ned his eyes to me.

[turn one's face なら「顔を向ける」]

④彼はシャツを裏返した。

He <u>tur</u>ned his shirt inside out.

[turn 〜 inside out = 〜を裏返す]

⑤彼女はその知らせを聞いて青くなった。

She <u>tur</u>ned pale on hearing the news.

[turn C = Cの状態になる]

①地球は太陽のまわりを回っている。
②テレビの音量を下げてください。
③水は冷えると氷になる。
④彼らは居間を事務所に変えた。
⑤その知らせはうそであることがわかった。

①地球は太陽のまわりを回っている。

The **ear**th **tur**ns around the **su**n.

②テレビの音量を下げてください。

Turn the **te**levision **dow**n, please.

[turn 〜 down ＝〜の音を小さくする]

③水は冷えると氷になる。

Water **tur**ns <u>into</u> **i**ce when it **ge**ts **ve**ry **co**ld.

[turn into 〜＝〜に変わる]

④彼らは居間を事務所に変えた。

They **tur**ned their **li**ving **roo**m <u>into</u> an **o**ffice.

[turn O into 〜＝Oを〜に変える]

⑤その知らせはうそであることがわかった。

The **new**s **tur**ned <u>out</u> （to be） **fa**lse.

[turn out (to be) 〜＝〜であることがわかる]

want

- ●欲す
- ●〜してほしい
- ●〜したい
- ●必要としている

「欠けている」ものは「欲しく」なる
満足していない状態がwant

wantを名詞として使った、こんな表現がある。

(1) He is a **man** of **few wants**.

これは、「彼は欲のない人だ」という意味である。つまり、彼は今の生活に満足していることになる。「欲」とは、満足していない状態、あるいは「不足を補おうとする働き」のことだ。動詞の例を見てみよう。

(2) Your **car wants wa**shing.

これは、汚れていて「どうしても洗車を必要としている」という意味。次は人を主語にした文である。

(3) He has been **wanting** a **new car** for **yea**rs.

これは薄汚れているなんて話ではなく、すでにガタがきているので、どうしても新しい車が欲しい（買う必要がある）という状況だ。

wantには、このような切迫感があるので、I want milk.のような言い方は、「ミルク欲しいよう」という（待ったなしの）幼児的な表現とみなされる。大人が言ってはならない。

①これは、まさに私が欲しかったものです。
②彼は長年新しい車を欲しがっていた。
③今それを議論したくありません。
④現金にしてもらいたいのですが。
⑤これを最優先でお願いします。

①これは、まさに私が欲しかったものです。

This is just what I wanted.

②彼は長年新しい車を欲しがっていた。

He has been wanting a new car for years.

③今それを議論したくありません。

I don't want to discuss it now.

④現金にしてもらいたいのですが。

I want to have it cashed.

⑤これを最優先でお願いします。

I want you to give this top priority.

[want 人 to不定詞＝人に〜してほしい]

①子供には十分な睡眠が必要だ。
②あの家はペンキの塗りかえが必要だ。
③もし必要なら、あとで車で迎えに行きますよ。
④ただちにこの仕事を仕上げてもらいたい。
⑤コーヒーはブラックがいいですか、ミルク入りがいいですか。

①子供には十分な睡眠が必要だ。

Children <u>wa</u>nt plenty of slee<u>p</u>.

[want＝必要としている]

②あの家はペンキの塗りかえが必要だ。

That **hou**se <u>wa</u>nts a **new coa**t of pain<u>t</u>.

③もし必要なら、あとで車で迎えに行きますよ。

I can **pick** you up later if you <u>wa</u>nt.

④ただちにこの仕事を仕上げてもらいたい。

I <u>wa</u>nt this **work d**one **pro**mptly.

[want O 過去分詞＝O が～されることを望んでいる]

⑤コーヒーはブラックがいいですか、ミルク入りがいいですか。

Do you <u>wa</u>nt your **co**ffee **bla**ck or **whi**te?

[want O 形容詞＝O は～がいい]

wear

●着ている　●身に付けている
●使用に耐える　●表情をしている

put onは「身に付ける」
その結果「身に付けた状態」がwear

wearで気をつけなくてはならないのは、「着る」という動作を表す語ではないということだ。「着る、身に付ける」は、put onで表す。

(1) <u>Put on</u> your gloves.「手袋をはめなさい」

これに対し、wearは「身に付けている」という状態を表す。

(2) She rarely <u>wears</u> blue.「彼女はめったに青の服は着ない」

つまり、青色の服を身に付けていることはめったにないのである。このように、wearを現在時制で使うと、一般論を表す場合が多い。これに対し、「今まさに着ている状態だ」と言いたい時には、進行形で表すことになる。

(3) She is <u>wearing</u> a blue dress today.「彼女は今日は青のドレスを着ている」

先ほども言ったように、進行形で使わないwearは一般的な状態を表す。ここから、「長持ちする」という意味が生じることになる。例文を見てみよう。

(4) This cloth <u>wears</u> well.「この布はよくもつ」

つまり、長年の着用に耐える、ということなのだ。

①彼女はいつもジーンズをはいている。
②彼女は今日はスカートをはいている。
③彼女はいつも高価な宝石を付けている。
④私以外の家族は全員めがねをかけている。
⑤コートの下にセーターを着たほうがいいよ。

①彼女はいつもジーンズをはいている。

　　She always **wear**s **jea**ns.

[②と比較せよ]

②彼女は今日はスカートをはいている。

　　She is **wea**ring a **ski**rt today.

[①は習慣、②は現在の状況]

③彼女はいつも高価な宝石を付けている。

　　She **a**lways **wear**s **pre**cious **je**wels.

[wear＝身に付けている]

④私以外の家族は全員めがねをかけている。

　　All my **fa**mily **wear gla**sses ex**ce**pt me.

⑤コートの下にセーターを着たほうがいいよ。

　　You'd better **wear** a **swea**ter under your **coa**t.

①私はこの服を5年間着ている。
②この生地は長持ちする。
③彼女はいつも明るいほほえみを浮かべている。
④安物の靴はすぐすり減ってしまう。
⑤彼は働きすぎで疲れはてていた。

①私はこの服を5年間着ている。

I have **worn** this suit for five years.

②この生地は長持ちする。

This cloth **wears** well.

〔wear＝使用に耐える〕

③彼女はいつも明るいほほえみを浮かべている。

She always **wears** a pleasant smile.

〔wear＝表情をしている〕

④安物の靴はすぐすり減ってしまう。

Cheap shoes **wear out** quickly.

〔wear out＝すり減る、だめになる〕

⑤彼は働きすぎで疲れはてていた。

He was **worn out** from overwork.

〔be worn out＝疲れ切っている〕

work

- ●働く
- ●機能する
- ●作動する
- ●取り組んでいる
- ●うまくいく

止まっていない、動いている
動きながら何かをやっている

workの基本的な意味は、もちろん「働く」だ。例えば、「銀行で働く」という場合、言い方は2通りある。

(1) He's working at a bank.「彼は銀行で働いている」

(2) He's working for the bank.「彼はその銀行に勤めている」

work at 〜は「銀行という場所で働いている」と、場所にポイントが置かれる。一方、work for 〜は「〜に雇われている」というニュアンスがある。

もう1つ、work in 〜という言い方もあるが、これは「その組織もしくは建物の中で働いている」というニュアンスだ。

workのもとの意味は「働く」だが、そこから派生して、「動きながら何かやっている」とか「機能を発揮している」という意味が出てくる。

(3) This copier isn't working well.と言えば、「このコピー機はうまく動かない」、どこか故障している、あるいは、動かし方が正しくない、というような場合である。

workは「機能させる」という他動詞にもなる。

(4) Do you know how to work this copier?「このコピー機の使い方をご存知ですか」

①彼らは週に35時間働く。
②兄は出版社に勤めている。
③私は時々残業をします。
④息子はフリーランスで働くことを望んでいる。
⑤彼は新しい小説を執筆中だ。

①彼らは週に35時間働く。

　They work for 35 hours a week.

②兄は出版社に勤めている。

　My brother works for a publishing company.
　　　　　　　　　　　　　　　［work for 〜＝〜に勤めている］

③私は時々残業をします。

　I sometimes work overtime.
　　　　　　　　　　　　　　［work overtime＝残業する］

④息子はフリーランスで働くことを望んでいる。

　My son hopes to work freelance.

⑤彼は新しい小説を執筆中だ。

　He is working on a new novel.
　　　　　　　　　　　　　［work on 〜＝〜に取り組んでいる］

①頭がちゃんと働かない。
②この薬は効くでしょう。
③この新しい方法はうまくいくでしょうか。
④今はエレベーターが動いていません。
⑤この機械をどうやって動かすのか教えてください。

①頭がちゃんと働かない。

My **brai**n isn't **wor**king **pro**perly.

［work ＝機能する］

②この薬は効くでしょう。

This **me**dicine will **wor**k.

［work ＝薬が効く］

③この新しい方法はうまくいくでしょうか。

Will **thi**s new **me**thod **wor**k?

［work ＝〈計画などが〉うまくいく］

④今はエレベーターが動いていません。

The **e**levator is **no**t **wor**king now.

［work ＝作動する］

⑤この機械をどうやって動かすのか教えてください。

Can you **show** me how to **wor**k this ma**chi**ne?

重要動詞を使った
ことわざ

① Change **brings** life.
「変化が生命をもたらす」

② When the **bed breaks**, there is the **ground** to **lie** on.
「ベッドがこわれても、寝るには床があるさ」

③ The **gue**st is **dea**rest when he is **lea**ving.
「客人は、帰る時にいちばん親しみを感じる」

④ **Still wa**ters **run** dee**p**.
「静かな水は深きを流れる」

⑤ Misfortune **tells** us **what** fortune is.
「不幸が幸福の何たるかを教えてくれる」

⑥ If you **want** a **thing** well **done**, **do** it yourself.
「物事がうまくいくことを望むなら、自分でやることだ」

V

重要前置詞・
副詞20

about

● ～について　　● ～に携わって
● まさに～しようとしている
● ～のまわりに

「約３年」は「３年の周辺」ということ
周辺にある、周辺を動くのがabout

こんなときに使えます！

①トムは彼の新しい小説について話した。
②あなたは何を怒っているのですか。
③その橋は約20メートルです。
④彼は私と同じくらいの年齢です。
⑤夕食の用意がほぼできました。

①トムは彼の新しい小説について話した。

Tom spoke about his new novel.

［about = ～について〈関連〉］

②あなたは何を怒っているのですか。

What are you angry about?

③その橋は約20メートルです。

The bridge is about 20 meters long.

［about =「～のまわりに」から転じて「約、およそ」］

④彼は私と同じくらいの年齢です。

He is about my age.

⑤夕食の用意がほぼできました。

Dinner is about ready.

①彼にはどことなく妙なところがある。
②太陽が沈もうとしていた。
③今何をしているの？
④紅茶をもう1杯いかがですか。
⑤来週の月曜日はどうですか。

①彼にはどことなく妙なところがある。

There is **so**mething **stra**nge <u>about</u> him.

[about = 〜のまわりに〈雰囲気〉]

②太陽が沈もうとしていた。

The **sun** <u>was</u> <u>about</u> <u>to</u> **si**nk.

[be about to不定詞 = まさに〜しようとしている]

③今何をしているの？

What are you <u>about</u>?

[about = 〜に携わって〈従事〉]

④紅茶をもう1杯いかがですか。

<u>How</u> <u>about</u> a**no**ther **cu**p of **tea**?

[How about 〜? = 〜はいかがですか]

⑤来週の月曜日はどうですか。

What <u>about</u> next **Mo**nday?

[What about 〜? = 〜はどうですか]

above

●〜の上方　　●〜以上
●〜の上流に　●上位である
●超えている

「上方にある」こと
すぐ上ではなく、離れて上方にある

①われわれは雲の上を飛んだ。
②われわれの給料は平均以上だ。
③その山は海抜2,000メートルある。
④橋の上流に滝がある。
⑤彼は40歳を超えている。

①われわれは雲の上を飛んだ。

We **flew** above the **clou**ds.

[above = 〜の上方]

②われわれの給料は平均以上だ。

Our **wa**ges are above **a**verage.

[above = 〜以上]

③その山は海抜2,000メートルある。

The **mou**ntain is **2,000 me**ters above **sea le**vel.

[〜 above sea level = 海抜〜]

④橋の上流に滝がある。

There is a **wa**terfall above the **bri**dge.

[above = 〜の上流に]

⑤彼は40歳を超えている。

He is above **for**ty.

[above = 〜以上]

①健康は富にまさる。
②この論文は私の理解を超えている。
③それは理屈では割り切れない。
④何よりも健康に気をつけなさい。
⑤上記の注を参照のこと。

①健康は富にまさる。

   Health is <u>above</u> wealth.

   [above = 上位である]

②この論文は私の理解を超えている。

   This essay is <u>above</u> my understanding.

   [above = 超えている]

③それは理屈では割り切れない。

   That is <u>above</u> reason.

   [above reason = 理屈を超えている]

④何よりも健康に気をつけなさい。

   <u>Above</u> all, pay attention to your health.

   [above all = 何よりも、とりわけ]

⑤上記の注を参照のこと。

   See the note <u>above</u>.

   [the example aboveと言えば「上述の例」]

after

- ●〜のあとに
- ●〜したあとに
- ●〜を過ぎて
- ●〜にならって

day by day は「日々、1日単位で」
day after day は「毎日、日を追って」

こんなときに使えます！

①5時10分過ぎだった。
②これらの言葉を私について繰り返しなさい。
③入ったら(出たら)ドアを閉めなさい。
④食事をしたあとすぐに眠ってはいけません。
⑤買った2日後に時計がこわれた。

①5時10分過ぎだった。

It was **te**n <u>after</u> **fi**ve.

②これらの言葉を私について繰り返しなさい。

Re**pea**t these **wo**rds <u>after</u> me.

③入ったら(出たら)ドアを閉めなさい。

Shut the **door** <u>after</u> you.

④食事をしたあとすぐに眠ってはいけません。

Don't **slee**p imme**di**ately <u>after</u> **ea**ting.

［after 〜ing = 〜したあとに］

⑤買った2日後に時計がこわれた。

The **wa**tch **bro**ke **two day**s <u>after</u> I **bo**ught it!

［この after は接続詞］

①警官が犯人を追った。
②彼はおじの名前をとってジョージと名づけられた。
③しばらく赤ん坊の世話をしてくれませんか。
④くよくよするな。そもそも君の落ち度ではないのだから。
⑤あさっては父の誕生日です。

①警官が犯人を追った。

A police officer chased after the criminal.

②彼はおじの名前をとってジョージと名づけられた。

He was named George after his uncle.

[after = ～にならって〈準拠〉]

③しばらく赤ん坊の世話をしてくれませんか。

Would you look after the baby for a while?

[look after ～ = ～の世話をする]

④くよくよするな。そもそも君の落ち度ではないのだから。

Don't worry about it. After all, it's not your fault.

[after all = 結局]

⑤あさっては父の誕生日です。

The day after tomorrow is my father's birthday.

[the day after tomorrow = あさって]

against

● ～に反して　　● ～に逆行して
● ～を背景にして
● ～に反対で

力と力でぶつかり合って
緊張状態が生まれている against

> **こんなときに使えます！**
>
> ①彼女は自分の意志に反して行動しなければならなかった。
> ②われわれは流れに逆行してこがなければならなかった。
> ③彼に不利な証拠は1つもない。
> ④車をここに駐車するのは違法です。
> ⑤あなたはこの法案に賛成ですか、反対ですか。

①彼女は自分の意志に反して行動しなければならなかった。

She **ha**d to **a**ct against her **wi**ll.

②われわれは流れに逆行してこがなければならなかった。

We **ha**d to **row** against the **cu**rrent.

③彼に不利な証拠は1つもない。

There is **no e**vidence against him.

④車をここに駐車するのは違法です。

Parking your **car** here is against the **law**.
[against the rules なら「規則に反して」]

⑤あなたはこの法案に賛成ですか、反対ですか。

Are you **for** or against this **bi**ll?
[for ～は「～に賛成」、against ～は「～に反対」]

①ドルに対する(円の)相場はいくらですか。
②雨が窓を激しくたたいている。
③彼は壁にもたれかかった。
④白い雲が青空を背景に際立って見えた。
⑤彼は医者の命令に背いて仕事をした。

①ドルに対する(円の)相場はいくらですか。

What's the rate of exchange against the dollar?

②雨が窓を激しくたたいている。

The rain is beating against the window.

③彼は壁にもたれかかった。

He leaned against the wall.

④白い雲が青空を背景に際立って見えた。

White clouds stood out against the blue sky.
[against = ～を背景にして]

⑤彼は医者の命令に背いて仕事をした。

He worked against his doctor's order.
[against = ～に逆らって]

at

● ～において　　　● ～に
● ～に従事して　● ～をめがけて
● ～を聞いて　　● ～の速さで

目盛りを動かしていって
ある場所で「ピタッ」と止める感じ

こんなときに使えます！

①彼女は玄関に現れた。
②私は月の初めはいつも忙しい。
③彼らは仕事中です。
④その少女は計算が速い。
⑤私はウサギをめがけて撃ったが、失敗した。

①彼女は玄関に現れた。

She appeared at the front door.

[at = ～において〈地点〉]

②私は月の初めはいつも忙しい。

I'm always busy at the beginning of the month.

[時点や時刻を表す at]

③彼らは仕事中です。

They are at work.

[at = ～に従事して]

④その少女は計算が速い。

The girl is quick at mathematics.

⑤私はウサギをめがけて撃ったが、失敗した。

I shot at the rabbit, but missed it.

[at = ～にめがけて〈方向〉]

こんなときに使えます！

①私は彼女の返事を聞いてがっかりした。
②このバスは時速100キロで走っている。
③その場の雰囲気が彼をくつろいだ気分にさせた。
④どんなことをしてもこの仕事は週末までに仕上げなければならない。
⑤君は少なくとも月3冊は本を読むべきだ。

①私は彼女の返事を聞いてがっかりした。

I was disap**poi**nted <u>at</u> her **a**nswer.

［at = ～を聞いて、見て〈原因〉］

②このバスは時速100キロで走っている。

This **bu**s is **ru**nning <u>at</u> a **spee**d of **100** kilometers an hour.

［at = ～の速さで〈度合い〉］

③その場の雰囲気が彼をくつろいだ気分にさせた。

The **a**tmosphere **pu**t him <u>at</u> **ea**se.

［at ease = くつろいで］

④どんなことをしてもこの仕事は週末までに仕上げなければならない。

We **mu**st **fi**nish this **wor**k by the **wee**kend <u>at</u> <u>all</u> <u>co</u>st.

［at all cost = 何があっても］

⑤君は少なくとも月3冊は本を読むべきだ。

You **shou**ld **rea**d three **boo**ks a **mo**nth <u>at</u> <u>lea</u>st.

［at least = 少なくとも］

by

● ～のそばを　● ～を通って
● ～までに　　● ～によって
● ～を通じて

near は「遠くない」こと
by は「すぐ近く」なこと

こんなときに使えます！

①彼女は声もかけずに彼のそばを通っていった。
②私はローマ経由で旅行する予定だ。
③5時までにその小説を読み終わりますか。
④アクセントで彼女がフランス人だとわかる。
⑤私の時計では6時20分です。

①彼女は声もかけずに彼のそばを通っていった。

She passed him by without a word.

[by = ～のそばを〈近接〉]

②私はローマ経由で旅行する予定だ。

I plan to travel by way of Rome.

[by = ～を通って〈通過〉]

③5時までにその小説を読み終わりますか。

Can you finish the novel by five?

[by = ～までに〈期限〉]

④アクセントで彼女がフランス人だとわかる。

I can tell by her accent that she is French.

[by = ～によって〈基準〉]

⑤私の時計では6時20分です。

It is six twenty by my watch.

[by = ～によれば〈基準〉]

①われわれは家賃を月払いしています。
②このハムは目方売りだ。
③Eメールで連絡してください。
④その船は風でひっくり返った。
⑤パーティーで偶然彼女に会った。

①われわれは家賃を月払いしています。

We **pay re**nt <u>by</u> the **mo**nth.

［〈単位〉を表すby］

②このハムは目方売りだ。

This **ha**m is **so**ld <u>by</u> **wei**ght.

［〈単位〉を表すby］

③Eメールで連絡してください。

Please **co**ntact me <u>by</u> **e**-mail.

［by = ～を通じて〈媒介〉］

④その船は風でひっくり返った。

The **boa**t was up**se**t <u>by</u> the **wi**nd.

［受け身の文で〈行為者〉を表すby］

⑤パーティーで偶然彼女に会った。

I **me**t her <u>by</u> **cha**nce at the **pa**rty.

［by chance = 偶然］

down

●～を下りて　　●～に沿って
●南に

下に落ちていくイメージ
落ちるところまで落ちれば「落ち着く」

こんなときに使えます！

①彼は階段を下りていった。
②涙が彼女のほおを流れ落ちた。
③彼らは浜辺を歩いていった。
④販売が落ち、会社が困窮している。
⑤午前中いっぱいシステムが機能しなかった。

①彼は階段を下りていった。

He went down the stairs.

［①～③までは前置詞］

②涙が彼女のほおを流れ落ちた。

Tears rolled down her cheeks.

③彼らは浜辺を歩いていった。

They walked down the beach.

［down = ～に沿って］

④販売が落ち、会社が困窮している。

Sales are down, and the company is in trouble.

［④と⑤は形容詞］

⑤午前中いっぱいシステムが機能しなかった。

The system was down all morning.

①コンピュータの価格が下がりっぱなしだ。
②われわれはフロリダまで車で下った。
③バスはスピードを落とした。
④われわれは費用を切りつめなくてはならない。
⑤私は彼の返答を書きとめた。

①コンピュータの価格が下がりっぱなしだ。

Computer prices have been coming down.

[このページの down はすべて副詞]

②われわれはフロリダまで車で下った。

We drove down to Florida.

[down = 南に]

③バスはスピードを落とした。

The bus slowed down.

④われわれは費用を切りつめなくてはならない。

We must cut down the expenses.

[cut down 〜 = 〜を切りつめる]

⑤私は彼の返答を書きとめた。

I took down his answer.

[take down 〜 = 〜を書きとめる]

for

- ●〜に向けて
- ●〜に賛成で
- ●〜の間は
- ●〜を求め
- ●〜の理由で
- ●〜にとって

向かう方向を示す for
到着まで見届けるのが to

こんなときに使えます！

①彼女はきのうニューヨークを発ってロンドンに向かった。
②警官は麻薬を持っていないか、彼の身体検査をした。
③これらの物品はお金と交換できます。
④あなたは憲法改正に賛成ですか、反対ですか。
⑤新鮮な空気は健康にいい。

①彼女はきのうニューヨークを発ってロンドンに向かった。

She left New York for London yesterday.

[for = 〜に向けて〈方向〉]

②警官は麻薬を持っていないか、彼の身体検査をした。

The policeman searched him for drugs.

[for = 〜を求めて〈追求〉]

③これらの物品はお金と交換できます。

These goods can be exchanged for money.

[for = 〜と〈交換〉]

④あなたは憲法改正に賛成ですか、反対ですか。

Are you for or against the revision of the Constitution?

[for = 〜に賛成で]

⑤新鮮な空気は健康にいい。

Fresh air is good for your health.

[for = 〜に〈恩恵〉]

①アテネは史跡で有名です。
②遅刻したことで君をとがめる気はありません。
③われわれは20年来の知り合いです。
④9月にしては少々寒い。
⑤旅行者はパスポートの携帯が必要です。

①アテネは史跡で有名です。

Athens is famous <u>for</u> its historic sites.

[for = ～で〈理由〉]

②遅刻したことで君をとがめる気はありません。

I don't blame you <u>for</u> being late.

③われわれは20年来の知り合いです。

We have known each other <u>for</u> twenty years.

[for = ～の間〈時間の範囲〉]

④9月にしては少々寒い。

It's rather cold <u>for</u> September.

[for = ～にしては〈対応〉]

⑤旅行者はパスポートの携帯が必要です。

It's necessary <u>for</u> travelers to carry passports.

[for = ～にとって〈主格〉]

from

- ●〜から
- ●〜の原因で
- ●〜の原料から
- ●〜と差別して

もともと「運動の基点」を表し、運動の結果「分離、除去」の意にも

こんなときに使えます！

①彼は富山の出身です。
②私は仙台からずっと運転してきた。
③この事故は彼の不注意が原因だ。
④私は頭痛がする。
⑤もう痛みはない。

①彼は富山の出身です。

He is from Toyama.

[from = 〜から〈出所〉]

②私は仙台からずっと運転してきた。

I drove all the way from Sendai.

[from = 〜から〈起点〉]

③この事故は彼の不注意が原因だ。

This accident resulted from his carelessness.

[from = 〜で〈原因〉]

④私は頭痛がする。

I'm suffering from a headache.

[from = 〜で〈理由〉]

⑤もう痛みはない。

I am free from pain now.

[be free from 〜 = 〜がない、〜を免れている]

①ビールは大麦から作ります。
②この子供は1から20まで数えられます。
③12から7を引きなさい。
④大麦と小麦の見分けはつきますか。
⑤喫煙はご遠慮ください。(掲示)

①ビールは大麦から作ります。

Beer is ma**de** <u>from</u> **bar**ley.

[from = 〜から〈原料〉]

②この子供は1から20まで数えられます。

This **child** can **count** <u>from</u> **one** to **twen**ty.

[from = 〜から〈起点〉]

③12から7を引きなさい。

Take〔Subtract〕**7** <u>from</u> **12**.

[from = 〜から〈除去〉]

④大麦と小麦の見分けはつきますか。

Can you **tell whea**t <u>from</u> **bar**ley?

[from = 〜と〈差別〉]

⑤喫煙はご遠慮ください。(掲示)

Please re<u>frai</u>n <u>from</u> **smo**king.

[refrain from 〜 = 〜を差し控える〈抑制〉]

in

- ●～の場所に
- ●～の時に
- ●～の間に
- ●～の手段で
- ●～を着て

空間の中、心の中、一定期間の中 そして、ある状態の中を表す

こんなときに使えます!

①両親はいなかに住んでいます。
②第二次世界大戦は1939年に起こった。
③写真は1時間でできますよ。
④彼らは急いでいた。
⑤彼は広告関係の仕事をしている。

①両親はいなかに住んでいます。

My parents live in the country.

［in = ～に〈場所〉］

②第二次世界大戦は1939年に起こった。

The Second World War broke out in 1939.

［in = ～に〈時〉］

③写真は1時間でできますよ。

Your photos will be ready in an hour.

［in = ～で〈経過〉］

④彼らは急いでいた。

They were in a hurry.

［in a hurry = 急いで〈状態〉］

⑤彼は広告関係の仕事をしている。

He is in advertising.

［〈従事〉を表すin］

①彼は科学よりビジネスのほうに興味がある。
②私の意見では、彼にお金を貸すべきではない。
③この2個の箱はサイズが同じだ。
④現金でお払いください。
⑤彼らは皆制服を着ていた。

①彼は科学よりビジネスのほうに興味がある。

He is **more i**nterested <u>in</u> **bu**siness than in **sci**ence.

［〈関心〉を表すin］

②私の意見では、彼にお金を貸すべきではない。

<u>In</u> **my** o**pi**nion, you **shou**ldn't **len**d **mo**ney to him.

［in one's opinion = 〜の意見では］

③この2個の箱はサイズが同じだ。

These **two bo**xes are **e**qual <u>in</u> **si**ze.

［in size = サイズで〈範囲〉］

④現金でお払いください。

Please pay <u>in</u> **ca**sh.

［in cash = 現金で〈手段〉］

⑤彼らは皆制服を着ていた。

They were **all** <u>in</u> **u**niform.

［in = 〜を着て〈着用〉］

into

● ～の中に ● ～に変化する
● ～に作られる ● ～の結果に

限られた空間の中に入っていく感じ
「のめり込む」イメージにもつながる

①彼は手紙を火の中に投げ込んだ。
②赤ん坊は鏡をのぞき込んだ。
③バスは停車中の車に衝突した。
④この小説は10か国語に翻訳されている。
⑤熱は水を蒸気に変える。

①彼は手紙を火の中に投げ込んだ。

He **threw** the **le**tter <u>into</u> the **fi**re.

[into = ～の中に〈方向〉]

②赤ん坊は鏡をのぞき込んだ。

The **ba**by **loo**ked <u>into</u> a **mi**rror.

[into = ～の中を〈方向〉]

③バスは停車中の車に衝突した。

The **bus cra**shed <u>into</u> a **par**ked **car**.

[crash into ～ = ～に衝突する]

④この小説は10か国語に翻訳されている。

This **no**vel has been trans**la**ted <u>into</u> **te**n **la**nguages.

[into = ～に〈変化〉]

⑤熱は水を蒸気に変える。

Heat **cha**nges **wa**ter <u>into</u> **va**por.

[into = ～に〈変化〉]

①小麦粉はパンに作られる。
②雨が雪になった。
③飛行機は粉々になった。
④15割る3は5。
⑤彼はインターネットにのめり込んでいる。

①小麦粉はパンに作られる。

Flour is **ma**de into **brea**d.

[be made into 〜 = 〜に作られる〈結果〉]

②雨が雪になった。

The **rai**n **tur**ned into **snow**.

[turn into 〜 = 〜に変わる]

③飛行機は粉々になった。

The **pla**ne **bro**ke into **pie**ces.

[into = 〜に〈結果〉]

④15割る3は5。

3 into **15** is **5**.

[〈割り算〉を表すinto]

⑤彼はインターネットにのめり込んでいる。

He is into the Internet.

[be into 〜 = 〜に熱中している]

of

●～の部分で　●～の材料で
●～という　　●～のことを
●～の原因で

もともとは「～から」と分離を表した
今は分離した結果、「～に属する」の意

①ここにある本の3分の2は兄のものです。
②メンバーの大半はその提案に同意した。
③この像は石でできている。
④彼らは銀行から5万ドルを強奪した。
⑤君が彼と会ったという事実は疑いえない。

①ここにある本の3分の2は兄のものです。

Two thirds of the **boo**ks here are my **bro**ther's.

［〈部分〉を表す of］

②メンバーの大半はその提案に同意した。

Most of the **me**mbers a**gree**d to the pro**po**sal.

［〈部分〉を表す of］

③この像は石でできている。

This **sta**tue is **ma**de of **sto**ne.

［〈材料〉を表す of］

④彼らは銀行から5万ドルを強奪した。

They **ro**bbed the **b**ank of 50,000 **do**llars.

［〈分離〉を表す of］

⑤君が彼と会ったという事実は疑いえない。

We can**no**t **dou**bt the **fa**ct of your having **see**n him.

［of = ～という〈同格〉］

①去年の夏以来、彼の消息を聞いていない。
②彼女の芸術を愛する気持ちはとても大きかった。
③彼は有能な人です。
④彼女の父はがんで死んだ。
⑤彼は裕福な家の出です。

①去年の夏以来、彼の消息を聞いていない。

I haven't heard of him since last summer.

[of = ～のことを〈関係〉]

②彼女の芸術を愛する気持ちはとても大きかった。

Her love of art was very great.

[art は love の目的語〈目的関係〉]

③彼は有能な人です。

He is a man of ability.

[of = ～な〈性質〉]

④彼女の父はがんで死んだ。

Her father died of cancer.

[of = ～で〈原因〉]

⑤彼は裕福な家の出です。

He was born of a rich family.

[of = ～の出で〈起源〉]

on

●〜の場所に　　●〜に接触して
●〜の時に　　　●〜の手段で
●〜に関して　　●〜に依存して

スイッチを入れればon、離せばoff
onは接触を表す

こんなときに使えます！

①84円切手を手紙に貼ってください。
②壁に貼ったポスターを見なさい。
③ロンドンはテムズ川河畔にある。
④彼は4月10日に生まれた。
⑤私はそのサッカーの試合をテレビで見ました。

---

①84円切手を手紙に貼ってください。

　Put an eighty-four-yen stamp on your letter.

[on = 〜に〈場所〉]

②壁に貼ったポスターを見なさい。

　Look at the poster on the wall.

[on = 〜に〈接触〉]

③ロンドンはテムズ川河畔にある。

　London is on the River Thames.

[on = 河畔に〈接触〉]

④彼は4月10日に生まれた。

　He was born on the 10th of April.

[on = 〜に〈時〉]

⑤私はそのサッカーの試合をテレビで見ました。

　I watched the football game on television.

[on = 〜で〈手段〉]

こんなときに使えます！

①彼は自由貿易に関する書物を書いた。
②彼の家族はアジア旅行中だ。
③君が頼りだ。
④この小説は事実に基づいている。
⑤試験のためパーティーに出席できなかった。

①彼は自由貿易に関する書物を書いた。

He wrote a book on free trade.

[on = ～に関して〈関連〉]

②彼の家族はアジア旅行中だ。

His family is on a tour of Asia.

[〈状態〉を表す on]

③君が頼りだ。

I'm depending on you.

[〈依存〉を表す on]

④この小説は事実に基づいている。

This novel is based on facts.

[〈根拠〉を表す on]

⑤試験のためパーティーに出席できなかった。

I couldn't attend the party on account of having to take an examination.

[on acount of ～ = ～のために〈理由〉]

over

● ～の真上に ● ～を越えて
● ～を通して ● ～を支配して
● ～をめぐって

端から端まで覆うイメージ、そして
こちら側からあちら側に越えていく感じ

こんなときに使えます！

①彼は両手を火にかざした。
②川の上に古い橋がかかっている。
③彼は70歳を超えているように見える。
④彼は大洋を飛行機で越えた最初の人だった。
⑤彼女は世界中を旅行している。

---

①彼は両手を火にかざした。

He stretched his hands <u>over</u> the fire.

［over = ～の上に〈真上〉］

②川の上に古い橋がかかっている。

There is an old bridge <u>over</u> the river.

③彼は70歳を超えているように見える。

He looks <u>over</u> seventy.

［over = ～を超えて］

④彼は大洋を飛行機で越えた最初の人だった。

He was the first man to fly <u>over</u> the ocean.

⑤彼女は世界中を旅行している。

She has traveled <u>all over the</u> world.

［all over the world = 世界中を］

①彼には自制心がありません。
②もう風邪は治った。
③仕事をして夜を明かしてしまった。
④両親はそのことで口論した。
⑤休暇は終わった。

①彼には自制心がありません。

He has **no** con**tr**ol <u>over</u> himself.

[〈支配〉を表す over]

②もう風邪は治った。

I am <u>over</u> my **c**old.

[〈回復〉を表す over]

③仕事をして夜を明かしてしまった。

I **sa**t **up** all **ni**ght <u>over</u> the **wor**k.

[over = 〜をして〈従事〉]

④両親はそのことで口論した。

My **pa**rents **qua**rreled <u>over</u> the **pro**blem.

[over = 〜をめぐって]

⑤休暇は終わった。

The va**ca**tion was <u>over</u>.

[この over は副詞〈終了〉]

through

●～を通って　●～を過ぎて
●～のために　●終わって

**トンネルを通り抜けていくイメージ
平面上を通り抜けていく場合にも**

こんなときに使えます！

①われわれの列車はトンネルを通り抜けた。
②兄は赤信号を無視して走り抜けた。
③雪は夜通し降り続けた。
④彼は一生独身だった。
⑤われわれは話し合いを通じて問題を解決した。

①われわれの列車はトンネルを通り抜けた。

　Our **train pa**ssed <u>through</u> the **tu**nnel.

[through = ～通って〈貫通〉]

②兄は赤信号を無視して走り抜けた。

　My **bro**ther **dro**ve <u>through</u> a **red li**ght.

[through = ～を過ぎて〈通過〉]

③雪は夜通し降り続けた。

　The **snow la**sted **all** <u>through</u> the **ni**ght.

[through = ～を通して〈全体〉]

④彼は一生独身だった。

　He **stay**ed **si**ngle **all** <u>through</u> his **li**fe.

[through = 始めから終わりまで〈全体〉]

⑤われわれは話し合いを通じて問題を解決した。

　We **so**lved the **pro**blem <u>through</u> dis**cu**ssion.

[through = ～を通じて〈媒介〉]

①彼は自分の落ち度で地位を失った。
②私の恋人は、私たちはもうおしまいだと言っている。
③私はその記事を終わりまで読んだ。
④彼女は雨の中に立っていてずぶぬれになった。
⑤営業部へお回しいたします。

①彼は自分の落ち度で地位を失った。

He **lo**st his po**s**ition <u>through</u> his **ow**n **fau**lt.

[through = ～のために〈原因〉]

②私の恋人は、私たちはもうおしまいだと言っている。

My **gir**lfriend **say**s we're **throu**gh.

[この through は副詞「終わって」]

③私はその記事を終わりまで読んだ。

I **rea**d the **ar**ticle <u>through</u>.

[through = 始めから終わりまで]

④彼女は雨の中に立っていてずぶぬれになった。

She **go**t **we**t <u>through</u> **sta**nding in the **rai**n.

⑤営業部へお回しいたします。

I'll **put** you **through** <u>to</u> the **Sa**les De**par**tment.

[put ～ through to ... = ～の電話を…に回す]

to

●～に向かって　●到達点として～に
●結果として～に

I went to the station at noon. は
「到着した」のが12時ということ

こんなときに使えます！

①3時15分前です。
②2番目の角で左に曲がりなさい。
③請求書は合計500ドルになった。
④多くの動物たちが餓死した。
⑤この家は以前は父の所有だった。

①3時15分前です。

It's a quarter to three.

[3時に向かって〈方向〉]

②2番目の角で左に曲がりなさい。

Turn to the left at the second corner.

[「右に」ならturn to the right]

③請求書は合計500ドルになった。

The bill came to $500.

[〈到達点〉を表すto]

④多くの動物たちが餓死した。

A lot of animals starved to death.

[〈結果〉を表すto]

⑤この家は以前は父の所有だった。

This house used to belong to my father.

[belong to ～ = ～に所属する]

①君の提案に同意します。
②その事実は誰もが知っている。
③驚いたことに、列車はその駅に止まらなかった。
④得点は3対2だった。
⑤私は運転するより歩くほうが好きだ。

①君の提案に同意します。

  I a**gree** to your pro**po**sal.

  [agree to 〜 = 〈提案などに〉同意する]

②その事実は誰もが知っている。

  The **fact** is **know**n to **e**veryone.

  [be known to 〜 = 〜に知られている]

③驚いたことに、列車はその駅に止まらなかった。

  To my sur**prise**, the **train** **di**dn't **stop** at the **sta**tion.

  [To my disappointmentなら「がっかりしたことには」]

④得点は3対2だった。

  The **score** was **3** to **2**.

  [〈対比〉を表すto]

⑤私は運転するより歩くほうが好きだ。

  I pre**fer** **wa**lking to **dri**ving.

  [prefer A to B = BよりAを好む]

under

- ●すぐ下に
- ●～未満
- ●～の状態で
- ●真下に
- ●～の支配下で

「負け犬」のことをunderdogと言う
負けて下に転がされたイメージだ

こんなときに使えます！

①彼は最後の文の下に線を引いた。

②コートの下にセーターを着たほうがいいよ。

③彼の事務所は私の部屋のすぐ下です。

④6歳未満の子供は学校に行けない。

⑤この指輪は5万円より安くはお売りできません。

①彼は最後の文の下に線を引いた。

He **drew** a **li**ne under the **la**st **se**ntence.

[under = すぐ下に]

②コートの下にセーターを着たほうがいいよ。

You'd **be**tter **wea**r a **swea**ter under your **coa**t.

③彼の事務所は私の部屋のすぐ下です。

His **o**ffice is under my **roo**m.

[under = 真下に]

④6歳未満の子供は学校に行けない。

Children under **six year**s old **ca**nnot **go** to **schoo**l.

[under = ～未満]

⑤この指輪は5万円より安くはお売りできません。

We **cannot se**ll this **r**ing for under **fi**fty **thou**sand **ye**n.

①彼は湯川博士のもとで物理学を研究した。
②この国は30年間アメリカの支配下にあった。
③彼はその本を辞書の部門に分類した。
④その橋は修理中です。
⑤このような状況の下で、あなたの申し出を受けることは
　できません。

①彼は湯川博士のもとで物理学を研究した。

He studied physics under Dr. Yukawa.

〔under = ～の指導のもとで〕

②この国は30年間アメリカの支配下にあった。

This country was under American rule for 30
years.

〔under = ～の支配下で〕

③彼はその本を辞書の部門に分類した。

He classified the book under dictionaries.

④その橋は修理中です。

The bridge is under repair.

〔under = ～の状態で〕

⑤このような状況の下で、あなたの申し出を受けること
はできません。

Under these circumstances I cannot accept
your offer.

〔under = ～の状況で〕

up

●上に　　　　●北へ
●すっかり尽くして
●上流に

上下運動の「高所」、
上下関係の「上位」を表す

こんなときに使えます！

①われわれの船は川を上っていった。
②彼は靴下を引っ張り上げていた。
③私たちは空を見上げた。
④彼は飛行機でシカゴに北上した。
⑤物価が上がった。

①われわれの船は川を上っていった。

Our **boa**t **sai**led <u>up</u> the **ri**ver.

［この up は前置詞「〜の上流に」］

②彼は靴下を引っ張り上げていた。

He was **pu**lling <u>up</u> his **so**cks.

［②以下は副詞の up］

③私たちは空を見上げた。

We **loo**ked <u>up</u> at the **sky**.

④彼は飛行機でシカゴに北上した。

He **flew** <u>up</u> to Chi**ca**go.

［up = 北へ、down の反対］

⑤物価が上がった。

Prices **wen**t <u>up</u>.

［go up = 上昇する］

①昨夜は本を読んで夜ふかしした。
②ぐっと飲み干しなさい。
③何が起こったんだい?
④もう時間切れです。
⑤それは君に任せよう

①昨夜は本を読んで夜ふかしした。

I **sat** **up** **late** last night rea**ding**.

[sit up late = 夜ふかしする]

②ぐっと飲み干しなさい。

Drink **up**!

③何が起こったんだい?

What's **up**?

[「元気ですか?」「調子はどうだい?」などの意味にもなる]

④もう時間切れです。

The **time** is **up**. (**Time**'s **up**.)

[up = すっかり尽くして]

⑤それは君に任せよう。

I'll **lea**ve it **up** **to** you.

[up to 人 = 人の責任である]

with

●〜で　　　　●〜を持った
●〜に関連して　●〜と一緒に
●〜によって

空間的に、時間的に、因果的に
つながっているということ

こんなときに使えます！

①彼はスプーンを使ってスープを飲んだ。
②あのめがねをかけた少年は誰ですか。
③お金の持ち合わせがない。
④妹は母と一緒に買い物に行った。
⑤彼の顔は血だらけだった。

①彼はスプーンを使ってスープを飲んだ。

He ate the soup <u>with</u> a spoon.

［〈道具〉を表すwith］

②あのめがねをかけた少年は誰ですか。

Who is that boy <u>with</u> glasses?

［with = 〜を持った、身につけた］

③お金の持ち合わせがない。

I have no money <u>with</u> me.

④妹は母と一緒に買い物に行った。

My sister went shopping <u>with</u> my mother.

［with = 〜と一緒に〈随伴〉］

⑤彼の顔は血だらけだった。

His face was covered <u>with</u> blood.

［with = 〜によって〈手段〉］

┌─────────────────────────────────┐
│　　　　　　　こんなときに使えます！│
①まったくあなたに同感です。

②父を相手に議論してもムダだ。

③才能がありながら、彼はまだよい仕事を得ていない。

④口をいっぱいにしたままでしゃべるな。

⑤取り扱い注意！（掲示）
└─────────────────────────────────┘

①まったくあなたに同感です。

　　I **qui**te <u>a**gree**</u> <u>with</u> you.

　　　　　　　　　［agree with 人 = 人に同意する］

②父を相手に議論してもムダだ。

　　It's **no u**se **ar**guing <u>with</u> my **fa**ther.

③才能がありながら、彼はまだよい仕事を得ていない。

　　Yet, <u>with</u> **all** his a**bi**lity, he has **no**t **go**t a **goo**d
　　jo**b**.

　　　　　　　　　［with all 〜 = 〜にもかかわらず］

④口をいっぱいにしたままでしゃべるな。

　　Don't speak <u>with</u> your **mou**th fu**ll**.

　　　　　　　　　［with = 〜したままで〈付帯状況〉］

⑤取り扱い注意！（掲示）

　　Handle <u>with</u> **care**.

　　　　　　　　　［with care = 気をつけて、with fear = 恐る恐る］

without

●〜なしで　　　●〜せずに
●〜のない

あるべきものを除外しているイメージ
without explanation（説明抜きで）のように

①砂糖を入れないコーヒーが好きですか。
②空気がなくては、どんな生物も生きられない。
③植物は水なしでは育たない。
④君の忠告がなければ、彼は失敗していただろう。
⑤彼は難なくその問題を解いた。

①砂糖を入れないコーヒーが好きですか。

　Do you like coffee <u>without</u> sugar?

②空気がなくては、どんな生物も生きられない。

　<u>Without</u> air, no living thing can survive.

　　　　　　　　　　［But for air とも表せる］

③植物は水なしでは育たない。

　Plants can't <u>do</u> <u>without</u> water.

　　［can't do without 〜 ＝ 〜なしではやっていけない］

④君の忠告がなければ、彼は失敗していただろう。

　<u>Without</u> your advice, he would have failed.

　　　　　　［If it had not been for your advice とも表せる］

⑤彼は難なくその問題を解いた。

　He solved the question <u>without</u> difficulty.

①彼女は朝食をとらずに会社に行った。
②少年は何も言わずに走り去った。
③とげのないバラはない。(ことわざ)
④友のない人生は、太陽の照らさない人生のようなもの。
　(ことわざ)
⑤学習なき経験は、経験なき学習にまさる。(ことわざ)

①彼女は朝食をとらずに会社に行った。

She **we**nt to the **o**ffice <u>without</u> **ea**ting **brea**kfast.
[without ～ing = ～せずに]

②少年は何も言わずに走り去った。

The **boy ran a**way <u>without</u> **say**ing **a**ny<u>thing</u>.

③とげのないバラはない。(ことわざ)

There is **no ro**se <u>without</u> **thorn**s.

④友のない人生は、太陽の照らさない人生のようなもの。
(ことわざ)

A **life** <u>without</u> a **frie**nd is a **life** <u>without</u> the **su**n.

⑤学習なき経験は、経験なき学習にまさる。(ことわざ)

Ex**pe**rience <u>without</u> **lear**ning is **be**tter than
learning <u>without</u> ex**pe**rience.

重要前置詞・副詞を使った
ことわざ

① He **who goe**s <u>against</u> the **fa**shion is himself its **sla**ve.
「流行に逆らう者も、流行の奴隷である」

② Don't **speak** <u>to</u> the **ma**n <u>at</u> the **wheel**.
「ハンドルを握っている人に話しかけるな」

③ **Ne**ver **ju**dge <u>from</u> ap**pea**rances.
「外見でものを判断するな」

④ **Ma**king the be**gi**nning is **o**ne-**thir**d <u>of</u> **wor**k.
「仕事は、とりかかりさえすれば3分の1終わったようなもの」

⑤ The **love** <u>of</u> **mo**ney and the **love** <u>of</u> **lear**ning **ra**rely **mee**t.
「金銭欲と知識欲はめったに同居しない」

⑥ **No** ap**plau**se can be **ma**de <u>with</u> **o**ne **ha**nd.
「片手では拍手はできない」

VI

そのほかの
重要単語50

afraid

●〜がこわい　　●あいにく〜
●残念ながら〜

具合の悪いことを話すときの
オブラート

┌─────────── こんなときに使えます！ ──┐
①私は蛇がとてもこわい。
②私は水の中に飛び込むのがこわい。
③あいにく予定が入っているんです。
④残念ながら私には決めかねます。
⑤その時計は見つからないかもしれない。
└──────────────────────────┘

①私は蛇がとてもこわい。

I'm very afraid of snakes.

[be afraid of 〜 = 〜がこわい]

②私は水の中に飛び込むのがこわい。

I'm afraid to dive into the water.

[be afraid to不定詞 = 〜するのがこわい]

③あいにく予定が入っているんです。

I'm afraid I have other plans.

[I'm afraidのあとに、具合が悪いことを表す文が入る]

④残念ながら私には決めかねます。

I'm afraid I can't make this decision.

⑤その時計は見つからないかもしれない。

I'm afraid I cannot find the watch.

[比較せよ。I hope I can find the watch.
「時計が見つかるとよいのだが」]

168

another

●もう1つの〜 　●別の〜
●別の人

one と another を対で考える
「あるもの」と同種の「他の1つ」

こんなときに使えます！

①もう1杯コーヒーをください。
②別の種類の辞書を見せてください。
③車は1台持っていますが、もう1台必要です。
④もう1人来ます。
⑤言うのと行うのとは、別のことだ。

①もう1杯コーヒーをください。

Give me another cup of coffee.

[この another は形容詞、②も]

②別の種類の辞書を見せてください。

Show me another kind of dictionary.

③車は1台持っていますが、もう1台必要です。

I have a car, but I need another.

[この another は代名詞、④⑤も]

④もう1人来ます。

There is another to come.

[another = 別の人]

⑤言うのと行うのとは、別のことだ。

To say is one thing, to do is another.

[A is one thing, B is another. = AとBは別のことだ]

any

●いくらかの　　●どんな～でも
●少しは　　　●いくらかは

不特定の「いくらか」
任意の「どれか１つ」

こんなときに使えます！

①もしもお金が必要なら、貸しますよ。
②どんなペンでもいいよ。
③彼らは子供がいません。
④誤りがあれば、正しなさい。
⑤加減はいくらかよくなりましたか。

①もしもお金が必要なら、貸しますよ。

If you **need** <u>any</u> **mo**ney, I'll **le**nd you **so**me.

［疑問文またはifの文で「いくらかの」］

②どんなペンでもいいよ。

Any **pe**n will **do**.

［any = どんな～でも］

③彼らは子供がいません。

They **do**n't have <u>any</u> **chi**ldren.

［not any ～ = no ～］

④誤りがあれば、正しなさい。

Cor**re**ct mis**ta**kes <u>if</u> <u>any</u>.

［if any = もしあれば］

⑤加減はいくらかよくなりましたか。

Are you <u>any</u> **be**tter?

［副詞の any = 少しは、いくらかは］

as

●〜した時　　　●〜しながら
●〜するにつれて
●〜のように　　●〜として

等しい関係にあることを表す
「同時」「理由」「比較」など

こんなときに使えます！

①私が駅に着いたちょうどその時に事故が起こった。
②彼らは歩きながら歌を歌った。
③暗くなるにつれて、いっそう寒くなった。
④好きなようにしなさい。
⑤そのままにしておいてください。

①私が駅に着いたちょうどその時に事故が起こった。

The accident happened just as I got to the station.

[as 〜 = 〜した時]

②彼らは歩きながら歌を歌った。

They sang as they went along.

[as = 〜しながら]

③暗くなるにつれて、いっそう寒くなった。

As it grew darker, it became colder.

[as = 〜するにつれて]

④好きなようにしなさい。

Do as you like.

[as = 〜のように]

⑤そのままにしておいてください。

Please leave it as it is.

[このページのas はすべて接続詞]

①私は彼を学者として尊敬している。
②それは君が考えるほど難しくない。
③彼の父は外見ほどの年齢ではない。
④これは私がなくしたのと同じ傘だ。
⑤私としては、スポーツに興味が持てません。

①私は彼を学者として尊敬している。

I respect him as a scholar.

［前置詞as = ～として］

②それは君が考えるほど難しくない。

It is not as difficult as you might think.

［文法的には、1番目のas は副詞、2番目のas は接続詞］

③彼の父は外見ほどの年齢ではない。

His father is not as old as he looks.

④これは私がなくしたのと同じ傘だ。

This is the same umbrella as I lost.

［the same ～ as … = …と同じ～］

⑤私としては、スポーツに興味が持てません。

As for me, I'm not interested in sports.

［as for ～ = ～に関しては］

bad

- ●悪い
- ●下手だ
- ●腐る
- ●ひどい
- ●気分が悪い

「劣っていること」を表す場合もある
「口べた」は a bad speaker

こんなときに使えます!

①それはいけませんね。(お気の毒です。)
②ひどい風邪をひいてしまった。
③私は歌が下手だ。
④今朝は気分が悪い。
⑤この卵は腐っている。

①それはいけませんね。(お気の毒です。)

That's **too ba**d.

②ひどい風邪をひいてしまった。

I **ha**ve a **ba**d **c**old.

③私は歌が下手だ。

I am **bad** at **s**inging.

[be bad at 〜 = 〜が下手だ、be good at 〜 の逆]

④今朝は気分が悪い。

I **fee**l **ba**d this morning.

[feel bad = 気分が悪い]

⑤この卵は腐っている。

These **e**ggs **ha**ve **go**ne **ba**d.

[go bad = 腐る]

best

●いちばんよい　●〜がいちばんだ
●精一杯のこと

形容詞としてはgoodの最上級
名詞になることも

こんなときに使えます！

①この魚を料理するいちばんよい方法は何ですか。
②よい席を取ろうと思ったら、早く到着するのがいちばん
　です。
③あなたにしてあげられるのは、これが精一杯です。
④その仕事を2日で仕上げるために最善を尽くした。
⑤何よりも、彼女は計算が速い。

①この魚を料理するいちばんよい方法は何ですか。

What's the best way to cook this fish?

②よい席を取ろうと思ったら、早く到着するのがいちばんです。

It's best to arrive early if you want a good seat.

③あなたにしてあげられるのは、これが精一杯です。

This is the best I can do for you.

[このbestは名詞]

④その仕事を2日で仕上げるために最善を尽くした。

I did my best to finish the work in two days.

[do one's best = 最善を尽くす]

⑤何よりも、彼女は計算が速い。

Best of all, she is quick at calculating.

[best of all = 何よりもまず]

better

●よりよい　　　●具合がよい
●〜したほうがよい

形容詞としては good の比較級
副詞としては well の比較級

こんなときに使えます！

①ないよりはましだ。
②彼女は今日はずっと具合がよい。
③私は夏より冬のほうが好きです。
④彼女は誰よりも歌がうまい。
⑤急いだほうがよさそうだ。

①ないよりはましだ。

It is **be**tter than **no**thing.

［better = good の比較級］

②彼女は今日はずっと具合がよい。

She is **much** **be**tter to**day**.

［better = well の比較級］

③私は夏より冬のほうが好きです。

I **l**ike **w**inter **be**tter than **su**mmer.

④彼女は誰よりも歌がうまい。

She **s**ings **be**tter **than** **a**nyone **else**.

［better than anyone else = 誰よりもうまく、いちばんうまく］

⑤急いだほうがよさそうだ。

We'd **be**tter hurry.

［We'd better 〜 = 〜したほうがよい、するべきだ］

can

- ●〜できる
- ●一体〜だろうか
- ●〜してくれますか
- ●〜してもよい

「知っている」という意味の動詞が
可能性を表す助動詞に進化した

こんなときに使えます！

①伝言をお願いしてもいいですか。
②贈り物用に包んでもらえますか。
③一体それは本当だろうか。
④そのうわさが本当のはずがない。
⑤なるべく早く来なさい。

①伝言をお願いしてもいいですか。

Can I leave a message?

［can＝「〜してもよい」と許可を表す］

②贈り物用に包んでもらえますか。

Can you wrap it as a gift?

［Can you 〜 ? ＝「〜してくれますか」と依頼を表す］

③一体それは本当だろうか。

Can it be true?

［can＝疑問文で「一体〜だろうか」］

④そのうわさが本当のはずがない。

The rumor cannot be true.

［cannot＝〜のはずがない］

⑤なるべく早く来なさい。

Come as soon as you can.

［as 〜 as... can＝…ができるだけ〜に］

change

●変わる　　　　●両替する
●乗り換える　　●おつり

部分的に変える alter に対し、
全面的に(別物に)変えるのがchange

こんなときに使えます！

①時代が変わった。
②円をドルに替えられますか。
③新宿で電車を乗り換えた。
④熱は水を水蒸気に変える。
⑤はい、おつりです。

①時代が変わった。

Times have **cha**nged.

②円をドルに替えられますか。

Can you **cha**nge some **ye**n into **do**llars?

[change A into B = AをBに両替する]

③新宿で電車を乗り換えた。

I **cha**nged **tra**ins at **Shi**njuku.

[change trains = 電車を乗り換える]

④熱は水を水蒸気に変える。

Heat **cha**nges **wa**ter into **stea**m.

[change A into B = AをBに変える]

⑤はい、おつりです。

Here's the **cha**nge.

[change = 名詞で「おつり」]

close

●閉じる　　　　●ごく近い
●似ている　　　●親しい

動詞で「閉じる」、形容詞で「近い」
動詞は「クロウズ」、形容詞は「クロウス」

こんなときに使えます!

①彼女は目を閉じて聞き入った。
②銀行はふつう3時に閉まる。
③イタリア語はスペイン語によく似ている。
④私の家は病院のすぐ近くだ。
⑤トムとピーターは親友です。

①彼女は目を閉じて聞き入った。

　She closed her eyes and listened.

②銀行はふつう3時に閉まる。

　Banks usually close at three.

③イタリア語はスペイン語によく似ている。

　Italian is close to Spanish.

　　　　[close[klous] = 形容詞で「ごく近い」、④⑤も]

④私の家は病院のすぐ近くだ。

　My house is close to the hospital.

⑤トムとピーターは親友です。

　Tom and Peter are close friends.

could

● ～できた（できなかった）
● ～しようとすればできる
● ～していただけますか

「彼は～することができた」と
過去の事実を表す時は was able to ～

こんなときに使えます！

①昨夜はよく眠れなかった。
②ご住所をお教えいただけますか。
③貴重品を預かっていただけますか。
④空を飛べたらいいのに。
⑤お金が十分あれば、あの車を買えるのに。

①昨夜はよく眠れなかった。

I couldn't sleep well last night.

②ご住所をお教えいただけますか。

Could I have your address?

③貴重品を預かっていただけますか。

Could you look after my valuables?

[Could you ～? = Would you ～?よりも丁寧な依頼]

④空を飛べたらいいのに。

I wish I could fly in the sky.

[I wish I could ～ = ～できたらいいのに]

⑤お金が十分あれば、あの車を買えるのに。

If I had enough money, I could buy that car.

[仮に～ならば…できるだろうに〈仮定法過去〉]

each

２つ以上のものについて
１つ１つを個別に示す

こんなときに使えます！

①それぞれの国に国旗がある。
②道路の両側にたくさんの桜の木がある。
③めいめいに自己紹介していただきましょう。
④それは1個1ドルする。
⑤われわれは互いに信頼し合っています。

①それぞれの国に国旗がある。

Each state has its own flag.

[この each は形容詞]

②道路の両側にたくさんの桜の木がある。

There are a lot of cherry trees on each side of the street.

③めいめいに自己紹介していただきましょう。

I'll ask each of you to introduce yourself.

[この each は代名詞]

④それは1個1ドルする。

They cost a dollar each.

[この each は副詞]

⑤われわれは互いに信頼し合っています。

We trust each other.

[each other = お互いに]

else

- ●他に
- ●〜以外に
- ●他へ
- ●さもないと

Anything else? と聞けば
「他に何かいりますか?」

こんなときに使えます!

①他に何か欲しいですか。
②どこか他へ行こう。
③他の人は皆そこにいた。
④彼以外に行く人は1人もいなかった。
⑤走らないと、遅れるよ。

①他に何か欲しいですか。

Would you like anything else?

②どこか他へ行こう。

Let's go somewhere else.

③他の人は皆そこにいた。

Everybody else was there.

④彼以外に行く人は1人もいなかった。

There was no one else but him to go.

⑤走らないと、遅れるよ。

Run or else you'll be late.

[or else = さもないと]

enough

●十分な　　　　●足りるだけの
●〜するほど…な
●十分に

基準点に達していて
まったく不足がない状態

こんなときに使えます！

①勘定を払うだけのお金はあります。
②ゆっくり買い物をする時間がありませんでした。
③もう十分です。(いい加減にしなさい。)
④写真が撮れるほど明るくない。
⑤彼はいくらほめてもほめ足りない。

①勘定を払うだけのお金はあります。

　We have enough money to pay the bill.

　　　　　　　　　［enough = 形容詞で「足りるだけの」］

②ゆっくり買い物をする時間がありませんでした。

　We didn't have enough time for shopping.

③もう十分です。(いい加減にしなさい。)

　That's enough.

　　　　　　　　　　　　　　　［このenoughは名詞］

④写真が撮れるほど明るくない。

　It isn't light enough to take a picture.

⑤彼はいくらほめてもほめ足りない。

　We cannot praise him enough.

　　　　　　　　　　　　　　　［このenoughは副詞］

face

●顔　　　　●メンツ
●表面　　　●〜に面する
●直面させる

「人の顔」や「物の表面」を表す
動詞としては「直面する」

こんなときに使えます！

①彼らはどんなことがあってもメンツを保とうとした。
②コインの表面はなめらかだ。
③この部屋は南向きだ。
④彼は苦しい立場に立たされた。
⑤このことについて差し向かいで話し合いをしましょう。

①彼らはどんなことがあってもメンツを保とうとした。

They tried to save face at all costs.

[lose faceなら「メンツを失う」]

②コインの表面はなめらかだ。

The face of the coin is smooth.

[face = 表面]

③この部屋は南向きだ。

This room faces south.

[face = 動詞で「〜に面する」]

④彼は苦しい立場に立たされた。

He was faced with a difficult situation.

[be faced = 直面させられる]

⑤このことについて差し向かいで話し合いをしましょう。

Let's talk about this face to face.

[face to face = 向かいあって]

far

●遠い　　　　●距離がある
●〜どころではない

nearの反対語で「遠くに」 「はるかに」と程度を表すことも

①ここから最寄りの駅まではどのくらいありますか。
②彼は金持ちどころではない。
③上野まで一緒に行きましょう。
④私の知る限りでは、彼は非常によい医者です。
⑤これまでのところ、彼の返事を受け取っていない。

①ここから最寄りの駅まではどのくらいありますか。

How far is it from here to the nearest station?

②彼は金持ちどころではない。

He is far from rich.

［far from 〜 = 〜どころではない、決して〜でない］

③上野まで一緒に行きましょう。

I'll go with you as far as Ueno.

［as far as 〜 = 〈ある場所〉まで］

④私の知る限りでは、彼は非常によい医者です。

As far as I know, he is a very good doctor.

［as far as +文 = 〜する限りでは］

⑤これまでのところ、彼の返事を受け取っていない。

I haven't received his answer so far.

［so far = これまで、今まで］

few

● 少しの   ● めったに〜ない
● かなりの

a few 〜は「少しはある」場合
few 〜は「少ししかない」場合

こんなときに使えます！

① 彼女は少しの卵と少量の肉を買った。
② 彼は数日経てば帰ってくるだろう。
③ 彼は口数の少ない男だ。
④ 80歳まで働く人はめったにいない。
⑤ 彼はかなりの本を持っている。

---

① 彼女は少しの卵と少量の肉を買った。

She bought a **few** eggs and a little meat.

[a few は1つ2つと数えられる名詞に使う]

② 彼は数日経てば帰ってくるだろう。

He will come back in a **few** days.

③ 彼は口数の少ない男だ。

He's a man of **few** words.

[few = ほとんどない]

④ 80歳まで働く人はめったにいない。

Few work to the age of eighty.

[この few は代名詞]

⑤ 彼はかなりの本を持っている。

He has quite a **few** books.

[quite a few 〜 = かなり多数の]

free

- ●自由な
- ●無料の
- ●ひまな
- ●〜免除の

「自由に入れる」という意味から 「無料の」に発展

こんなときに使えます！
①何時になったらひまになりますか。
②どうぞ自由に質問してください。
③私はそのコンサートのただ券を持っている。
④もう痛みはない。
⑤免税店はどこにありますか。

①何時になったらひまになりますか。

What time will you be **free**?

②どうぞ自由に質問してください。

Please **feel free** to ask questions.

[feel free to不定詞＝遠慮なく〜する]

③私はそのコンサートのただ券を持っている。

I have a **free** ticket for the concert.

[free ＝無料の]

④もう痛みはない。

I am **free** from pain now.

[be free from 〜 ＝〜がない]

⑤免税店はどこにありますか。

Where could I find a tax-**free** shop?

[〜 -free ＝〜免除の、〜のない

a smoke-free restaurantで「禁煙のレストラン」]

good

- ●よい
- ●上手な
- ●有効な
- ●適している
- ●十分の

「よい」という意味のほか、「適した」という意味もある

こんなときに使えます！

①この水は飲むのに適しています。
②彼はテニスが上手です。
③彼女はこの仕事で十分な収入を得ている。
④彼は何の役にも立たなかった。
⑤私の運転免許証はあと3か月有効だ。

①この水は飲むのに適しています。

This **wa**ter is **goo**d for **dri**nking.

[be good for 〜 = 〜に適している]

②彼はテニスが上手です。

He is **goo**d at **te**nnis.

[be good at 〜 = 〜が上手だ]

③彼女はこの仕事で十分な収入を得ている。

She **ea**rns **goo**d **mo**ney in this **jo**b.

[good = 十分の、かなりの]

④彼は何の役にも立たなかった。

He was **goo**d for **no**thing.

⑤私の運転免許証はあと3か月有効だ。

My **dri**ver's **li**cense is **goo**d for a**no**ther **three months**.

[good = 有効な]

hand

- ●手
- ●提出する
- ●人手

手首から指先までがhand
日本語のように腕は含まない

こんなときに使えます！

①わかった人は手をあげてください。
②このいすを運ぶのに手を貸してくれませんか。
③手元に十分なお金がありません。
④人手が不足している。
⑤彼は辞表を提出した。

①わかった人は手をあげてください。

Raise your <u>hand</u> if you **know** the answer.

②このいすを運ぶのに手を貸してくれませんか。

Could you **give** me a **hand** to carry this **chair**?

［give 人 a hand ＝人に手を貸す］

③手元に十分なお金がありません。

I don't **have** enough money <u>on</u> <u>hand</u>.

［on hand ＝手元に］

④人手が不足している。

We are **short** of <u>hands</u>.

［hand ＝人手、働き手］

⑤彼は辞表を提出した。

He <u>handed</u> <u>in</u> his resignation.

［このhandは動詞、hand in ～＝～を提出する］

help

● 助ける　　● 手を貸す
● 手伝う　　● 病気を治す

「宿題を手伝う」ではなく、
「人が宿題をするのを手伝う」

こんなときに使えます！

① 私は手を貸して、その老人を車に乗せてあげた。
② いらっしゃいませ。／何にいたしましょう。(店で)
③ そう考えざるを得ない。
④ どうぞケーキをご自由にお取りください。
⑤ その薬は頭痛に効きましたか。

① 私は手を貸して、その老人を車に乗せてあげた。
　 I helped the old man into the car.

② いらっしゃいませ。／何にいたしましょう。(店で)
　 May〔Can〕I help you?

③ そう考えざるを得ない。
　 I cannot help thinking so.
　　　　　　〔cannot help 〜ing ＝〜せずにはいられない〕

④ どうぞケーキをご自由にお取りください。
　 Please help yourself to the cake.
　　　　　　　　〔help oneself ＝自分で取って食べる〕

⑤ その薬は頭痛に効きましたか。
　 Did the medecine help your headache?
　　　　　　　　　　〔help ＝病気を治す〕

how

● どう　　　　　　　● どのくらいで
● 〜はどうですか
● 〜のしかた

方法だけでなく、程度・状態・理由なども問う

こんなときに使えます！

①お名前はどうつづりますか。
②どのくらいでそこに着きますか。
③どうして彼女を1人にしておけるか。
④チェスの遊び方を教えてください。
⑤午前10時ではいかがですか。

①お名前はどうつづりますか。

　How do you **spe**ll your **na**me?

②どのくらいでそこに着きますか。

　How soon will we **ge**t there?

　　　　［How soon 〜？＝どのくらい早く、どのくらいで］

③どうして彼女を1人にしておけるか。

　How can I **lea**ve her al**o**ne?

　　　　　　　　　　［How could it happen?なら
　　　　　　　　　「どうしてそんなことが起こったのか」］

④チェスの遊び方を教えてください。

　Show me **how** to **play che**ss.

　　　　　　　　［how to 〜＝〜の仕方、やり方］

⑤午前10時ではいかがですか。

　How about **te**n in the **mor**ning?

　　　　　　　　［How about 〜？＝〜はどうですか］

if

●もしも　　　　　●たとえ〜でも
●あたかも〜みたいに
●〜かどうか

「現実的な条件」を表す場合と
「非現実的な条件」を表す場合がある

こんなときに使えます！

①よかったら5時に車で迎えに行きましょう。
②もし必要ならいつでもお手伝いしましょう。
③何か間違ったことを言いましたか。もしそうなら謝ります。
④明日お会いできるかもしれません。さもなくば、お電話
　します。
⑤魚が釣れなかったからといって、海のせいにするな。(ことわざ)

①よかったら5時に車で迎えに行きましょう。

　I'll **pick** you up at **five** if you **like**.

②もし必要ならいつでもお手伝いしましょう。

　I'll **help** you any time if **ne**cessary.

③何か間違ったことを言いましたか。もしそうなら謝ります。

　Did I **say so**mething **wro**ng? If **so**, I a**po**logize.

　　　　　　　　　　　　　　　　　　[if so =もしそうなら]

④明日お会いできるかもしれません。さもなくば、お電話
　します。

　I **may see** you to**mo**rrow. If **not**, I'll **call** you.

　　　　　　　　　　　　　　　　　[if not =もしそうでないなら]

⑤魚が釣れなかったからといって、海のせいにするな。(ことわざ)

　If you can**not ca**tch a **fish**, do **not bla**me the **sea**.

　　　　　　　　　　　　　　　　　　[if =たとえ〜でも]

①その手紙を送ったかどうか思い出せない。
②彼女はパーティーに来られるかしら。
③彼女はまるで何もかも知っているような話しぶりだ。
④もっと時間があれば、もっと本を読むのだが。
⑤もしも私があなただったら、彼の招待を受け入れているでしょう。

①その手紙を送ったかどうか思い出せない。

I can't remember if I sent the letter or not.

［if = ～かどうか］

②彼女はパーティーに来られるかしら。

I wonder if she'll be able to come to the party.

［I wonder if ～ = ～かしら］

③彼女はまるで何もかも知っているような話しぶりだ。

She talks as if she knew everything.

［as if +過去時制=あたかも～みたいに］

④もっと時間があれば、もっと本を読むのだが。

If I had more time, I would read more books.

［仮定法過去の文］

⑤もしも私があなただったら、彼の招待を受け入れているでしょう。

If I were you, I'd accept his invitation.

［仮定法過去の応用］

●天候を表すit　●…するのは〜だ
●費用が〜だけかかる

何を指すか明らかなitと
漠然としたitの2種類がある

こんなときに使えます！

①昨夜からずっと雨が降ったり止んだりしている。
②間に合うようにそこに着くのは不可能です。
③2日間車を借りたらいくらですか。
④彼を説得しようとしても無駄だ。
⑤私がその知らせを聞いたのは、2週間後だった。

①昨夜からずっと雨が降ったり止んだりしている。

　It has been raining on and off since last night.

〔天候を表すit〕

②間に合うようにそこに着くのは不可能です。

　It's impossible to get there in time.

〔It is 〜 to不定詞＝…するのは〜だ〕

③2日間車を借りたらいくらですか。

　How much does it cost to rent a car for two days?

〔it costs 〜＝費用が〜だけかかる〕

④彼を説得しようとしても無駄だ。

　It's no use trying to persuade him.

〔It's no use 〜 ing ＝〜しても無駄だ〕

⑤私がその知らせを聞いたのは、2週間後だった。

　It was two weeks later that I heard the news.

〔It 〜 that ... ＝ …したのは〜だった〕

less

●～より少ない　●少なくとも～
●～を下らない数の

形容詞なら「より少ない」、
副詞なら「より少なく」

①今年は去年より雪が少なかった。
②駅に着くのに5分もかからない。
③私は少なくとも50ドルは払うつもりだ。
④1,000人もの人々がそのスターを見にやって来た。
⑤彼はいく分酔っていた。

①今年は去年より雪が少なかった。

We have **less** **snow** this year than last.

②駅に着くのに5分もかからない。

It takes **less** than five minutes to get to the station.

[less than ～ = ～より少ない]

③私は少なくとも50ドルは払うつもりだ。

I'll **pay** not less than **50 dollars**.

[not less than ～ = 少なくとも～]

④1,000人もの人々がそのスターを見にやって来た。

No less than 1,000 people came to see the star.

[no less than ～ = ～を下らない数の、～ほどたくさん]

⑤彼はいく分酔っていた。

He was **more** or less drunk.

[more or less = いく分]

line

- ●線
- ●列
- ●行
- ●電話線

語源は linen（リンネルの糸）
「細い線」がイメージのコアとなる語

こんなときに使えます！

①彼は地面に線を引いた。
②20ページの5行目を見なさい。
③たくさんの人が切符を求めて1列になって待った。
④電話を切らないでください。
⑤電話が混線している。

---

①彼は地面に線を引いた。

He **drew** a <u>line</u> on the **groun**d.

②20ページの5行目を見なさい。

Look at the **fif**th <u>line</u> on **pa**ge **20**.

［line＝行］

③たくさんの人が切符を求めて1列になって待った。

A lot of **peo**ple **wai**ted in <u>line</u> for **ti**ckets.

［in line＝1列になって］

④電話を切らないでください。

Hold the <u>line</u>, please.

［line＝電話線、電話の接続］

⑤電話が混線している。

The <u>lines</u> are **cro**ssed.

［The line is busy. と言えば「お話し中です」］

little

●少しの　　　　●ささいな
●ほとんどない

a little 〜 は「少しはある」場合
little 〜 は「少ししかない」場合

こんなときに使えます！

①彼は少し中国語を話す。
②少しはお金が残っている。
③そんなささいなことでくよくよするな。
④彼女が回復する望みはほとんどない。
⑤川の水かさは少しずつ増えていった。

①彼は少し中国語を話す。

He speaks a little Chinese.

[a little ＝少しは]

②少しはお金が残っている。

I have a little money left.

[little は1つ2つと数えられない名詞に使う]

③そんなささいなことでくよくよするな。

Don't worry about such a little thing.

[little ＝ちっぽけな、ささいな]

④彼女が回復する望みはほとんどない。

There is little hope of her recovery.

[little ＝ほとんどない]

⑤川の水かさは少しずつ増えていった。

The water of the river rose little by little.

[little by little ＝少しずつ]

may

● ～してもいい　● ～かもしれない
● ～したかもしれない

「かもしれない」と「じゃないかもしれない」
を半々に併せ持つどっちつかずの語

こんなときに使えます！

①このコートを試着してもいいですか。
②レシートをお願いします。
③彼は金持ちかもしれないが、けちだ。
④バスの中に傘を置き忘れたかもしれない。
⑤彼の忠告に従ってもいいのではないか。

---

①このコートを試着してもいいですか。

　<u>May</u> I **try** this **coa**t **o**n?

[may = ～してもいい〈許可〉]

②レシートをお願いします。

　<u>May</u> I **ha**ve a re**cei**pt, please?

③彼は金持ちかもしれないが、けちだ。

　He **may** be **ri**ch, but he is **sti**ngy.

[may = ～かもしれない〈可能性〉]

④バスの中に傘を置き忘れたかもしれない。

　I <u>may</u> **ha**ve **le**ft my um**bre**lla on the **bu**s.

[may have +過去分詞 = ～したかもしれない]

⑤彼の忠告に従ってもいいのではないか。

　You <u>may</u> <u>as</u> <u>well</u> **fo**llow his **a**dvice.

[may as well +動詞の原形 = ～してもいい]

mind

●知性　　●意見
●考え　　●正気
●気にする　●嫌がる

「気にする」「嫌がる」という
ネガティブな意味の動詞

こんなときに使えます！

①彼女は頭の回転が速い。
②なぜ彼女は考えを変えたのだろう。
③彼は正気を失った。
④私は君が何をしようとかまわない。
⑤隣に座ってもよろしいですか。

①彼女は頭の回転が速い。

She has a **shar**p〔**qui**ck〕**mi**nd.

〔mind＝知性、思考力〕

②なぜ彼女は考えを変えたのだろう。

Why has she **cha**nged her **mi**nd?

〔mind＝意見、考え〕

③彼は正気を失った。

He **lo**st his **mi**nd.

〔mind＝正気、理性〕

④私は君が何をしようとかまわない。

I **do**n't **mi**nd whatever you **do**.

〔このmindは動詞で「気にする」〕

⑤隣に座ってもよろしいですか。

<u>Do</u> <u>you</u> **mi**nd <u>if</u> I sit **ne**xt to you?

〔Do you mind if 〜?＝〜してもいいですか〕

no

●1つも～ない　　●いいえ／はい
●決して～ではない
●～ 禁止

いっさいの例外を許さない
峻厳な否定語

こんなときに使えます！

①私には親戚が1人もいない。
②北海道へ行ったことはありませんか。――ええ、ありません。
③完全無欠な人などいない。
④彼はうそつきどころではない。
⑤駐車禁止。(掲示)

①私には親戚が1人もいない。

I have **no** relatives.

②北海道へ行ったことはありませんか。――ええ、ありません。

Haven't you ever visited Hokkaido?

――**No**, I haven't.

[日本語では「ええ」だが、否定の内容なのでnoを使う]

③完全無欠な人などいない。

No one is perfect.

④彼はうそつきどころではない。

He is **no** liar.

[no＝決して～でない、～どころではない]

⑤駐車禁止。(掲示)

No parking.

[No entry.なら「立入禁止」、No smoking.なら「禁煙」]

off

- ●離れて
- ●減って
- ●（時間的に）〜先だ
- ●値引きして

語源的には of と同じ
「分離」の意味を保ち続けた語

> **こんなときに使えます！**
>
> ①私のブーツを引き抜いてもらえますか。
> ②ガスは閉めましたか。
> ③休暇はまだ2か月先だ。
> ④現金で買ったので5％値引きしてくれた。
> ⑤ここでは靴をお脱ぎください。

①私のブーツを引き抜いてもらえますか。

Can you **pull** off my **boo**ts?

〔pull off 〜 ＝〜を引っぱって取る〕

②ガスは閉めましたか。

Did you **tur**n off the **ga**s?

〔turn off 〜 ＝〜を止める、閉める〕

③休暇はまだ2か月先だ。

Our va**ca**tion is **sti**ll **two mo**nths off.

〔〜 off ＝〈時間的に〉〜先だ〕

④現金で買ったので5％値引きしてくれた。

They **took 5%** off because I **pai**d in **ca**sh.

〔off ＝減って、値引きして〕

⑤ここでは靴をお脱ぎください。

Take off your **shoe**s **here**, please.

〔take off 〜 ＝〜を脱ぐ〕

order

- ●命令
- ●指示
- ●順序
- ●注文
- ●秩序
- ●注文する

「命令」「注文」と訳し分けるが英語ではorderの1語で両方を表す

①ご注文をお聞きしていいですか。
②彼は医者の命令に背いて仕事をした。
③名前はすべてアルファベット順に並んでいる。
④私の時計は狂っている。
⑤ご注文はお決まりですか。

①ご注文をお聞きしていいですか。

May I take your order?

[order＝注文]

②彼は医者の命令に背いて仕事をした。

He worked against his doctor's order.

[order＝命令、指示]

③名前はすべてアルファベット順に並んでいる。

All the names are listed in alphabetical order.

[order＝順序]

④私の時計は狂っている。

My watch is out of order.

[out of order＝調子が狂って]

⑤ご注文はお決まりですか。

Are you ready to order, sir?

[このorderは動詞で「注文する」]

other

●他の　　　　　●〜以外の
●向こう側の

２つの物のうち、一方は one、
残りの１つは the other

こんなときに使えます！

①これらの車は、他の米国車よりも小さい。
②これ以外の選択はない。
③彼はクラスの誰よりも背が高い。
④郵便局は通りの反対側にあります。
⑤先日フレッドが遊びに来た。

①これらの車は、他の米国車よりも小さい。

These **car**s are **sma**ller than <u>o</u>ther American ones.

②これ以外の選択はない。

We have **no** <u>o</u>ther **cho**ice.

③彼はクラスの誰よりも背が高い。

He is **ta**ller than **a**ny <u>o</u>ther **boy** in the **cla**ss.

〔= He is the tallest boy.〕

④郵便局は通りの反対側にあります。

The **po**st **o**ffice is on <u>the</u> <u>o</u>ther <u>si</u>de <u>of</u> <u>the</u> <u>stree</u>t.

〔the other side of the street ＝通りの向こう側、反対側〕

⑤先日フレッドが遊びに来た。

Fred **ca**me to **see** me <u>the</u> <u>o</u>ther **day**.

〔the other day ＝先日〕

please

●〜してください　●喜ばせる
●うれしい

命令文を依頼文に変えるが
命令の響きは残っているので注意！

こんなときに使えます！

①電話を切ってください。
②これをA4で10枚コピーしてください。
③領収書をください。
④すべての人を喜ばせるのは不可能だ。(ことわざ)
⑤直接お会いする機会が持てて、うれしいです。

①電話を切ってください。

Please hang up the phone.

②これをA4で10枚コピーしてください。

Please make ten copies of this on A4.

③領収書をください。

Receipt, please.
　　　[丁寧に言えば、May I have a receipt, please?]

④すべての人を喜ばせるのは不可能だ。(ことわざ)

It is impossible to please everyone.
　　　　　　　　[このpleaseは動詞で「喜ばせる」]

⑤直接お会いする機会が持てて、うれしいです。

I'm pleased to have a chance to talk with you.
　　　　　[I'm pleased＝うれしい、満足している]

poor

- ●貧しい
- ●貧弱な
- ●乏しい
- ●下手だ

「少ない、乏しい」から
経済的には「貧しい」に

こんなときに使えます！

①私の父は貧乏に生まれた。
②その国は天然資源に乏しい。
③私は記憶が悪い。
④彼はゴルフが下手だ。
⑤彼が成功する可能性は少ない。

①私の父は貧乏に生まれた。

My father was born poor.

②その国は天然資源に乏しい。

That country is poor in natural resources.

[poor＝乏しい]

③私は記憶が悪い。

I have a poor memory.

[poor＝貧弱な、平均以下の]

④彼はゴルフが下手だ。

He is poor at golf.

[be poor at ～＝～が下手だ]

⑤彼が成功する可能性は少ない。

He has a poor chance of success.

[have a poor chance of recovery なら
「回復の見込みが少ない」]

rather

●むしろ　　　　●かなり
●〜よりむしろ

「かなり」と「むしろ」の間で
揺れ動く不安定な語

こんなときに使えます！

①これはかなり難しい問題です。
②彼は学者というよりむしろ芸術家です。
③私はナシは好きだが、リンゴはあまり好きではない。
④私は残るより行きたい。
⑤私はどうも外出したくない。

---

①これはかなり難しい問題です。

　This is rather a difficult question.

②彼は学者というよりむしろ芸術家です。

　He is rather an artist than a scholar.

③私はナシは好きだが、リンゴはあまり好きではない。

　I like pears rather than apples.
　　　　　　　　　　[rather than 〜 = 〜よりむしろ]

④私は残るより行きたい。

　I would rather go than stay.
　　　　　　[would rather 〜 = むしろ〜したいと思う]

⑤私はどうも外出したくない。

　I would rather not go out.
　　　　　　[would rather not 〜 = どうも〜したくない]

should

●～すべきだ　　●～すべきだった
●～のはずだ

「こうあってしかるべき」を
角が立たないように表すshould

こんなときに使えます！

①それについて、警察は何かをするべきです。
②君はもっと注意すべきだった。
③彼を信用すべきではなかった。
④今ごろには、彼は到着しているでしょう。
⑤どうして私が知っているんですか。（知っているわけがない
　でしょう？）

①それについて、警察は何かをするべきです。

The police <u>should</u> do **so**mething about it.

②君はもっと注意すべきだった。

You **should** have been **more care**ful.

　　　　　　　［should have +過去分詞＝～すべきだった］

③彼を信用すべきではなかった。

I **should**n't have **tru**sted him.

　　［shouldn't have +過去分詞＝～すべきではなかった］

④今ごろには、彼は到着しているでしょう。

He **shou**ld have ar**ri**ved by **now**.

　　　　　　　　　　　［should ＝～のはずだ〈推量〉］

⑤どうして私が知っているんですか。（知っているわけがない
　でしょう？）

Why <u>should</u> I **know**?

　　　　　　　　　　　　［意外性を表すshould］

SO

●そのように　　●それで
●～するために
●そのため　　●およそ～

副詞として「そのように、それほど」
接続詞として「それで、だから」

こんなときに使えます！

①私は始発列車に乗るために早起きした。
②彼は先月解雇されたので、職を探しています。
③彼は医者で、奥さんも同じだ。
④列車で来ますか。もしそうなら、駅でお会いできます。
⑤このコンピュータは500ドルほどする。

①私は始発列車に乗るために早起きした。

I got up early so I could take the first train.

[so ＝～するために〈目的〉]

②彼は先月解雇されたので、職を探しています。

He was fired last month, so he's looking for a job.

[so ＝そのため〈結果〉]

③彼は医者で、奥さんも同じだ。

He's a doctor and so is his wife.

[so は先行する a doctor の代用]

④列車で来ますか。もしそうなら、駅でお会いできます。

Are you coming by train? If so, I can meet you at the station.

⑤このコンピュータは500ドルほどする。

This computer costs $500 or so.

[A or so ＝ A ほど、およそ A]

some

●いくらか　　●少し
●何かの〜　　●ある人々

量や数がはっきりしない場合
はっきりさせたくない場合

こんなときに使えます！

①もう少しコーヒーをいかがですか。
②私はこの話を何かの本で読んだことがある。
③歌うのが好きな人もいれば、嫌いな人もいる。
④彼をピカソと比較した人もいる。
⑤いつかカナダを訪れたいと思っています。

①もう少しコーヒーをいかがですか。

Would you like <u>some</u> more coffee?
　　　　　［yesの答えを期待しているので、anyではなくsome］

②私はこの話を何かの本で読んだことがある。

I have read this story in <u>some</u> book.
　　　　　　　　　　　　　　　　　［some＝何かの〜］

③歌うのが好きな人もいれば、嫌いな人もいる。

<u>Some</u> people like singing, others don't.

④彼をピカソと比較した人もいる。

<u>Some</u> have compared him to Picasso.
　　　　　　　　　　　　　　［代名詞のsome＝ある人々］

⑤いつかカナダを訪れたいと思っています。

I want to visit Canada <u>some day</u>.
　　　　　　　［some day＝〈未来の〉いつか、そのうち］

sorry

- ●〜してすみません
- ●あいにく　　●気の毒だ
- ●残念だ

同情や後悔などで
心を痛めている状態を表す

こんなときに使えます！

①ご迷惑をおかけして、申し訳ありません。
②こんなに夜遅くに電話して、すみません。
③あいにく来週は忙しいのです。
④彼女の事故は気の毒だ。
⑤この町を去るのは残念だ。

①ご迷惑をおかけして、申し訳ありません。

I'm sorry to have troubled you.

[I'm sorry to不定詞＝〜して申し訳ない]

②こんなに夜遅くに電話して、すみません。

I'm sorry for calling you this late.

[I'm sorry for 〜ing＝〜してすみません（申し訳ない）]

③あいにく来週は忙しいのです。

I'm sorry I'll be busy next week.

[I'm sorry ＋文＝あいにく〜です]

④彼女の事故は気の毒だ。

I am sorry about her accident.

[be sorry about 〜＝〜を気の毒に思う]

⑤この町を去るのは残念だ。

I am sorry to leave this town.

sure

●きっと〜だ　　●確かめる
●必ず〜してね　●もちろん

「主語の確信」を表す場合と
「話者の確信」を表す場合がある

こんなときに使えます！

①きっと財布を車の中に置き忘れたんだ。
②彼はきっと成功する。
③その事実を確かめなさい。
④ちゃんとドアを閉めてね。
⑤君のペン借りてもいい？――いいよ。

①きっと財布を車の中に置き忘れたんだ。

　I'm **sure** I left my **pur**se in the **car**.

[be sure +文＝きっと〜だ]

②彼はきっと成功する。

　He is **sure** to suc**cee**d.

[= I'm sure he will suceed.]

③その事実を確かめなさい。

　Make **sure** of the **fa**ct.

[make sure of 〜＝〜を確認する]

④ちゃんとドアを閉めてね。

　Be **sure** and **clo**se the **door**.

[Be sure and 〜＝必ず〜してね]

⑤君のペン借りてもいい？――いいよ。

　May I **bo**rrow your **pen**? ――**Sure**.

[Sure. ＝もちろん、いいとも]

taste

●～の味がする　●試飲・試食する
●味覚　●好み
●趣味

意識して「テイスト」すると「試飲・試食」の意味になる

こんなときに使えます！

①この薬は苦い。
②このパンはガーリックの味がする。
③彼女は突然味覚を失った。
④これは各人の好みの問題だ。
⑤彼は音楽の趣味がある。

①この薬は苦い。

This **me**dicine **ta**stes **bi**tter.

[この taste は動詞で「～の味がする」]

②このパンはガーリックの味がする。

This **brea**d **ta**stes of **gar**lic.

[taste of onion なら「タマネギの味がする」]

③彼女は突然味覚を失った。

All of a **su**dden she **lo**st her（**se**nse of）**ta**ste.

[taste ＝味覚]

④これは各人の好みの問題だ。

This is a **que**stion of **per**sonal **ta**ste.

[taste ＝好み]

⑤彼は音楽の趣味がある。

He **ha**s a **ta**ste for **mu**sic.

[taste ＝趣味]

that

- ●あれは
- ●…したのは～だった
- ●それほど

自分から離れた所にあるもの、時間的に離れている事柄を指し示す

こんなときに使えます！

① 私が言いたいのは、そういうことです。
② ジョンですか？──はい、そうです。
③ 気候は北海道のそれに似ています。
④ 私がジムを見たのは、8時頃だった。
⑤ そんなにたくさん食べられません。

① 私が言いたいのは、そういうことです。

That's what I want to say.

② ジョンですか？──はい、そうです。

Is that John? ──Yes, speaking.

［電話での決まり文句］

③ 気候は北海道のそれに似ています。

The climate is like that of Hokkaido.

［この that は代名詞］

④ 私がジムを見たのは、8時頃だった。

It was about 8 o'clock that I saw Jim.

［It ～ that …の文＝…したのは～だった］

⑤ そんなにたくさん食べられません。

I can't eat that much.

［この that は副詞で「それほど」］

this

●これは　　　　●こちらは
●こんなに

自分の近くにあるもの、
時間的に近い事柄を指し示す

こんなときに使えます！

①パリは初めてですか。
②どちら様ですか。
③もしもし、こちらビルです。
④彼女はあちこちの医者にかかった。
⑤こんなに遅いとは知りませんでした。

---

①パリは初めてですか。

Is <u>this</u> your first time in Paris?

②どちら様ですか。

Who is <u>this</u>, please?

［電話での決まり文句］

③もしもし、こちらビルです。

Hello. <u>This</u> is **B**ill spea**k**ing.

［電話での決まり文句］

④彼女はあちこちの医者にかかった。

She **we**nt to <u>this</u> do**c**tor and **th**at.

⑤こんなに遅いとは知りませんでした。

I **di**dn't rea**l**ize it was **this** la**t**e.

［この this は副詞で「こんなに」］

time

- ●時間
- ●1度に
- ●～回
- ●時刻
- ●時代
- ●～倍

流れ行く「時間」と 刻み取った「時刻」の両方を表す

こんなときに使えます！

①1度に1つのことをしなさい。
②時代は変わった。
③彼女はちょうど列車に乗るのに間に合うように駅に到着した。
④私はその映画を5回見ました。
⑤中国は日本の約25倍の大きさだ。

①1度に1つのことをしなさい。

Do one thing at a time.

[at a time ＝1度に]

②時代は変わった。

Times have changed.

[times ＝時代、景気]

③彼女はちょうど列車に乗るのに間に合うように駅に到着した。

She got to the station just in time to catch the train.

[in time ＝間に合うように]

④私はその映画を5回見ました。

I saw the film five times.

[「1回」はonce、「2回は」twice]

⑤中国は日本の約25倍の大きさだ。

China is about twenty-five times as large as Japan.

[～ times ＝～倍]

use

●使う(借りる)　●用途
●使用

ものを使う、時間や金を使う、
そして人を利用する

① 電話をお借りしたいのですが。
② この機械はいろいろの用途に使える。
③ このワープロは今でも使われている。
④ この表現は今は使われていない。
⑤ そのことで議論していても何の役にも立たない。

① 電話をお借りしたいのですが。

　May I <u>use</u> your **pho**ne?

　　　　　　　　　　　[May I borrow ～ ?とは言わない]

② この機械はいろいろの用途に使える。

　This ma**ch**ine has **se**veral **u**ses.

　　　　　　　　[この use[ju:s]は名詞で「使い道、用途」]

③ このワープロは今でも使われている。

　This **wor**d pro**ce**ssor is **sti**ll <u>in</u> **u**se.

　　　　　　　　　　　　　　[in use ＝使用されて]

④ この表現は今は使われていない。

　This ex**pre**ssion is <u>out</u> <u>of</u> <u>u</u>se now.

　　　　　　　　　　　[out of use ＝使用されていない]

⑤ そのことで議論していても何の役にも立たない。

　<u>There</u> <u>is</u> **no** <u>use</u> **ar**guing about it.

　　　　　　　　　　[It is no use ～ingとも表す]

way

- ●道
- ●やり方
- ●道順
- ●方法

目の前に延びるのが「道、進路」
後ろを振り返ると「習慣、やり方」

こんなときに使えます！

①病院への最短の道順を教えてください。

②彼は変わった考え方をする。

③学校へ行く途中でこの手紙を出してください。

④私はパリ経由でロンドンへ行った。

⑤加藤氏は京都から東京までずっと車を運転した。

①病院への最短の道順を教えてください。

Can you **te**ll me the **shor**test **way** to the **ho**spital?

②彼は変わった考え方をする。

He has a **stra**nge **way** of **thi**nking.

［way＝やり方、方法］

③学校へ行く途中でこの手紙を出してください。

Mail this **le**tter on your **way** to **schoo**l.

［on one's way to ～＝～へ行く途中で］

④私はパリ経由でロンドンへ行った。

I **we**nt to **Lo**ndon by **way** of **Pa**ris.

［by way of ～＝～経由で］

⑤加藤氏は京都から東京までずっと車を運転した。

Mr. **Ka**to **dro**ve all the **way** from **Kyo**to to **To**kyo.

［all the way＝途中ずっと、はるばる］

well

● よく　　　　　● 〜もまた
● 〜するのももっともだ

「お元気ですか？」と聞かれて、イギリスでは
I'm very well, thank you.

こんなときに使えます！

①使う前によく振ってください。
②彼女は歌を歌うばかりでなく、ピアノも弾く。
③彼は兄に負けないくらいスキーがうまい。
④彼がそう思うのももっともだ。
⑤この町は古い塔で有名です。

---

①使う前によく振ってください。

Shake well before using.

②彼女は歌を歌うばかりでなく、ピアノも弾く。

She not only sings, she plays the piano as well.
　　　　　　　　　　　　［〜 as well ＝〜もまた］

③彼は兄に負けないくらいスキーがうまい。

He can ski as well as his brother.
　　　　　　　　　［as well as 〜 ＝〜と同じくらい上手に］

④彼がそう思うのももっともだ。

He may well think so.
　　　　　　　　　　　　［may well 〜 ＝〜するのももっともだ］

⑤この町は古い塔で有名です。

This town is well-known for its old tower.
　　　　　　　　　　　　　　［well-known ＝有名な］

will

● ～します　　●～する予定です
● ～してください　●～でしょう

もともとの意味は
「意志がある」ということ

こんなときに使えます！

①お電話があったことをお伝えしておきます。
②2度と起こらないよう注意します。
③期待を裏切らないよう努力します。
④5時までには戻る予定です。
⑤来週はずっと出張です。

①お電話があったことをお伝えしておきます。

I'll tell him that you called.

[これから自分が行う行為を予告するwill]

②2度と起こらないよう注意します。

I'll see it doesn't happen again.

[強い意志を表すwill、③も]

③期待を裏切らないよう努力します。

I'll try not to let you down.

④5時までには戻る予定です。

I'll be back by five o'clock.

[予定を表すwill、⑤も]

⑤来週はずっと出張です。

I'll be out of town all next week.

① 急げば間に合うでしょう。
② この小切手にサインしてください。
③ そこの書類とってくれない？
④ このドアはどうしても開かない。
⑤ 事故はどうしても起こるものだ。（ことわざ）

---

① 急げば間に合うでしょう。

You'll be in time if you hurry.

② この小切手にサインしてください。

Will you please sign this check?

[Will you please 〜? ＝ 〜してください]

③ そこの書類とってくれない？

Will you pass me those documents?

[Will you 〜? ＝ 〜してくれないか]

④ このドアはどうしても開かない。

This door won't open.

[won't ＝ どうしても〜しない]

⑤ 事故はどうしても起こるものだ。（ことわざ）

Accidents will happen.

[will ＝ 〜するものだ]

would

- ●〜するだろう
- ●〜していただけますか
- ●〜したものだった ●〜したい

仮定法のキーワード
口調を和らげる効果も持つ

こんなときに使えます！

①ジェーンはベストを尽くすつもりだと言った。
②隣のテーブルと同じ料理をお願いします。
③今晩、車に乗せていただけませんか。
④機会があったら、やってみるのだが。
⑤私たちはベンチに座って何時間も話したものだった。

①ジェーンはベストを尽くすつもりだと言った。

Jane said she would do her best.

[過去形のsaidに対応してwillが
would になっている〈時制の一致〉]

②隣のテーブルと同じ料理をお願いします。

I'd like to have the same dish as the next table.

[I'd like to 〜 = 〜したい]

③今晩、車に乗せていただけませんか。

Would you give me a ride tonight?

[Would you 〜？ = 〜していただけませんか]

④機会があったら、やってみるのだが。

If I had a chance, I would try.

[仮定法過去の文]

⑤私たちはベンチに座って何時間も話したものだった。

We would talk for hours on the bench.

[would = 〜したものだった]

① One man's loss is another man's gain.
「ある人の損は別の人の得」

② A bad excuse is better than not at all.
「下手な言い訳も、ないよりマシだ」

③ Laughter is the best medicine.
「笑いは最良の薬」

④ If you don't make mistakes, you don't make anything.
「失敗しないようなら、何事もできはしない」

⑤ He that knows little often repeats it.
「少ししか知らない人は、そればかりを繰り返す」

⑥ He that has no money needs no purse.
「お金がないなら、財布などいらない」

青春新書
INTELLIGENCE

こころ涌き立つ「知」の冒険

いまを生きる

"青春新書"は昭和三一年に——若い日に常にあなたの心の友として、そ
の糧となり実になる多様な知恵が、生きる指標として勇気と力になり、す
ぐに役立つ——をモットーに創刊された。

そして昭和三八年、新しい時代の気運の中で、新書"プレイブックス"に
その役目のバトンを渡した。「人生を自由自在に活動する」のキャッチコ
ピーのもと——すべてのうっ積を吹きとばし、自由闊達な活動力を培養し、
勇気と自信を生み出す最も楽しいシリーズ——となった。

いまや、私たちはバブル経済崩壊後の混沌とした価値観のただ中にいる。
その価値観は常に未曾有の変貌を見せ、社会は少子高齢化し、地球規模の
環境問題等は解決の兆しを見せない。私たちはあらゆる不安と懐疑に対峙
している。

本シリーズ"青春新書インテリジェンス"はまさに、この時代の欲求によ
ってプレイブックスから分化・刊行された。それは即ち、「心の中に自ら
の青春の輝きを失わない旺盛な知力、活力への欲求」に他ならない。応え
るべきキャッチコピーは「こころ涌き立つ"知"の冒険」である。

予測のつかない時代にあって、一人ひとりの足元を照らし出すシリーズ
でありたいと願う。青春出版社は本年創業五〇周年を迎えた。これはひと
えに長年に亘る多くの読者の熱いご支持の賜物である。社員一同深く感謝
し、より一層世の中に希望と勇気の明るい光を放つ書籍を出版すべく、鋭
意志すものである。

平成一七年

刊行者　小澤源太郎

著者紹介

晴山陽一〈はれやま よういち〉

1950年東京都出身。早稲田大学文学部哲学科卒業後、出版社に入り、英語教材編集、経済雑誌の創刊、多数の書籍刊行、ソフト開発などに従事。1997年に独立し、精力的に執筆を続けている。著書は150冊を超えており、日本の英語教育改革に尽力している。著書に『たった100単語の英会話』シリーズをはじめ、『『中学英語』を学び直す イラスト教科書』『こころ涌き立つ 英語の名言』(小社)、『英単語速習術』(ちくま新書)、『すごい言葉』(文春新書)などがある。2018年に株式会社晴山書店を設立。

〈新装版〉
たった100単語の英会話　青春新書 INTELLIGENCE

2023年12月15日　第1刷

著　者　　晴　山　陽　一

発行者　　小　澤　源　太　郎

責任編集　株式会社プライム涌光

電話　編集部　03(3203)2850

発行所　東京都新宿区若松町12番1号　株式会社青春出版社
〒162-0056

電話　営業部　03(3207)1916　振替番号　00190-7-98602

印刷・中央精版印刷　　製本・ナショナル製本

ISBN978-4-413-04684-8

©Hareyama Yoichi 2023 Printed in Japan

本書の内容の一部あるいは全部を無断で複写(コピー)することは著作権法上認められている場合を除き、禁じられています。

万一、落丁、乱丁がありました節は、お取りかえします。

こころ涌き立つ「知」の冒険!

青春新書
INTELLIGENCE

晴山陽一の好評既刊

「中学英語」を学び直す イラスト教科書

楽しいイラストで、
中学英語がどんどん頭によみがえってきます!

ISBN978-4-413-04647-3 **本体1000円**

お願い　ページわりの関係からここでは一部の既刊本しか掲載してありません。折り込みの出版案内もご参考にご覧ください。

※上記は本体価格です。(消費税が別途加算されます)
※書名コード (ISBN) は、書店へのご注文にご利用ください。書店にない場合、電話または Fax(書名・冊数・氏名・住所・電話番号を明記)でもご注文いただけます(代金引替宅急便)。商品到着時に定価+手数料をお支払いください。
　〔直販係　電話03-3207-1916　Fax03-3205-6339〕
※青春出版社のホームページでも、オンラインで書籍をお買い求めいただけます。ぜひご利用ください。〔http://www.seishun.co.jp/〕